FASCINATION OG FORRETNING
i dansk tv-sport

Kirsten Frandsen

FASCINATION OG FORRETNING

i dansk tv-sport

AARHUS UNIVERSITETSFORLAG

Omslag Sigrid Astrup
Trykt hos Narayana Press, Gylling
Printed in Denmark 2013

ISBN 978 87 7934 566 9

Aarhus Universitetsforlag

Aarhus
Langelandsgade 177
8200 Aarhus N
www.unipress.dk

Udgivet med støtte fra:
Aarhus Universitets Forskningsfond
Institut for Informations- og Medievidenskab, Aarhus Universitet
Kulturministeriets Pulje for Idrætsforskning

INDHOLD

INDLEDNING

Tv og sport er for mange mennesker tæt forbundet, og for mange er tv'et hjemme i stuen den vigtigste kilde til sportsoplevelser. Tv'ets store betydning er bemærkelsesværdig i en tid, hvor digitale medier har fået et solidt tag i mediepublikummet, og hvor flere traditionelle massemedier som f.eks. aviserne oplever markante nedgange i læsertallene. I sommeren 2010 så vi, at de stærke sportsformidlere Ekstra Bladet og B.T. ikke kunne løfte salgs- og læsertallene med deres dækning af Tour de France og VM-slutrunden i fodbold. En del af forklaringen er, at det publikum, som tidligere købte en løssalgsavis for at følge med, i 2010 i højere grad fandt information på internettet og på tv. Begge disse medier havde da også en langt mere omfattende dækning af VM og Tour de France end tidligere.

Da internettet fik sit store gennembrud i Danmark i midten af 1990'erne, forudsagde mange, at tv'et var uddøende. Profetien byggede ikke mindst på, at internettet rummede helt nye muligheder for at indarbejde alle tidligere mediers muligheder i sig, hvorfor internettet principielt kunne afløse alle andre medier.

Sådan er det dog (endnu) ikke gået, idet danskernes forbrug af tv-sport faktisk er vokset en anelse, og tv fortsat har en meget markant position som det absolut foretrukne sportsmedie uanset alder (Storm & Brandt 2008: 224).

Hvis man vil forstå, hvorfor tv for sportspublikummet fortsat har en særlig privilegeret status, er det muligt at gå flere veje. Først og fremmest kan man se på, hvordan forholdet mellem sportens organisationer og tv har udviklet sig, da det er her, at rammerne for programudbuddet er blevet lagt. Dernæst er det selvfølgelig oplagt at se nærmere på selve tv-publikummet, der, når det drejer sig om sport, har en særlig sammensætning og ser ud til at opsøge sport på tv for at få opfyldt nogle særlige behov. Endelig er tv's måde at formidle sport på også en meget indlysende del af svaret, og en æstetisk analyse af programmer og analyser af strukturelle udviklinger i tv's dækning af sport er derfor også gode veje at gå. I denne bog er det dog de to første perspektiver, som har fået højest prioritet. Det fokus er først og fremmest valgt, fordi der er en meget tæt forbindelse mellem sportsseernes særlige form for fascination og så den unikke strategiske betydning, som sport har fået på såvel det danske som det internationale tv-marked efter indførelse af konkurrence-tv. Der er endvidere tale om perspektiver, hvor adgang til relevant viden ikke er umiddelbart lige så let tilgængelig, som i programmernes tilfælde. Blandt andet af den grund har begge perspektiver hidtil kun været rudimentært belyst i en dansk sammenhæng – og de har slet ikke været behandlet i sammenhæng. Det er mit håb, at bogen med det valgte fokus kan fremme en forståelse af, at sportsprogrammernes æstetik skal ses i lyset af såvel afsenderstrategiske som modtagermæssige forhold.

Samarbejde og afhængighed. Forretning og kultur

Ambitionen med denne bog er at undersøge, hvordan forholdet mellem tv og sport har forandret sig, og synliggøre, hvordan tv og sport gensidigt påvirker hinanden. Ved at se på forholdet i et historisk perspektiv (kapitel 2 og 3) bliver det samtidig tydeligt, at selvom meget er forandret, er de gensidige forventninger stadig præget af de historiske rødder. I store træk kan man spejle udviklingen i udlandet, men min interesse er at belyse den danske udvikling – med alle de nuancer, dette fokus giver mulighed for. Jeg bruger således den danske case som omdrejningspunkt til at beskrive, hvordan sporten har haft helt konkret betydning for tv – f.eks. ved at kunne etablere et nationalt fællesskab, som har været en vigtig del af public service-mediernes funktion. Men også hvordan tv har fået særlig betydning for sporten, fordi mediet har kunnet give adgang til nye indtægter og nye samarbejdspartnere.

I den internationale litteratur om sport og medier har samarbejdet mellem medie- og sportsorganisationer gennem de seneste 20 år haft stor bevågenhed. Man har især interesseret sig for karakteren og omfanget af den afhængighed, som har udviklet sig imellem medier og sportsorganisationer, og hvor kommunikationsteknologien og tv som medie har spillet en central rolle. Flere forskere benytter særlige betegnelser for dette, og der refereres skiftevis til "the Sport/Media Complex" (Jhally 1989, Maguire 1999, Helland 2007) og "the Media Sports Production Complex" (Wenner 1989). Pointen med begrebet er først og fremmest en understregning af, at sport og medier har udviklet nye former for strategiske og ofte kommercielt betonede interesser i hinanden, og at det har resulteret i meget tætte og komplekse former for gensidig afhængighed. Begreberne kan bruges til at indkapsle træk i en nu efterhånden langvarig forandringsproces, hvor medie- og marketingsorganisationer, sportsorganisationer og kommercielle firmaer i et stadigt tættere samarbejde udøver en voksende kontrol over de sportsoplevelser, der vises på fjernsynet. Kontrollen har ikke altid resulteret i optimale oplevelsestilbud og har derfor jævnligt givet anledning til debat. Vi har for nylig set, hvordan hensynet til tv's behov har fået både håndbold- og fodboldsportens organisationer til at afvikle kampe på tidspunkter, der hverken var hensigtsmæssige for udøvere eller for fans ude på landets stadioner. Det kan ses som et meget konkret udtryk for, at sporten er blevet 'medialiseret' (Hjarvard 2008), altså at medierne reelt gennemsyrer vores samfund. Mediernes logik har fået så stor betydning, at de både er blevet en "integreret del af andre institutioners virke, samtidig med, at de har opnået en selvstændighed, så andre institutioner i et vist omfang må underordne sig mediernes logik" (Hjarvard 2008: 13-14). De har fået voksende magt og har udviklet sig til en samfundsmæssig betydningsfuld institution, der både koordinerer andre samfundsinstitutioners indbyrdes interaktion, og gennem sine form- og indholdsmæssige valg påvirker samtalen mellem mennesker. Det er for sporten en proces, som tv'ets fremkomst for alvor satte i gang, og det har med særlig styrke sat sig igennem i Danmark, efter at vi i 1988 fik indført tv-konkurrence.

Forandringerne af forholdet mellem sport og medier varierer fra land til land og fra sport til sport. Megen sport er i dag ikke kun underholdning, men både kultur og forretning. Den demokratiske foreningsstruktur præger i store træk beslutningsprocedurer i sportens organisationer, og de værdier, som sættes i scene og dyrkes gennem f.eks. udøvelse af kollektiv holdsport eller individuel ekstremsport eller fitness, er i høj grad med til at definere identitet for både udøvere og eventuelle tilskuere. Uanset om der er arrangør, der ønsker at skabe indtægter gennem aktiviteterne. Og den samme dobbelthed kan i allerhøjeste grad genfindes hos medierne, som f.eks. både er centrale samfundsmæssige fora, hvor danskerne får adgang til dialog og viden om dansk kultur, politik og kommercielle budskaber. Og det sker inden for rammer af medier, som i de fleste tilfælde er privatøkonomiske forretninger med fokus på bundlinjen, sådan som vi både ser det hos tv-kanalen TV3+, dagbladet Berlingske Tidende og det sociale netværkssted Facebook.

Set fra et dansk perspektiv er der relativ stor forskel på danske og f.eks. amerikanske forhold, der ellers ofte bruges som målestok, når man skal analysere udviklingstræk i populærkulturen. Omend der ikke kan herske tvivl om, at sport og medier udgør meget centrale kulturelle kræfter i det amerikanske samfund, er sports- og mediesystemet dér som udgangspunkt meget mere entydigt præget af en kommerciel, markedsorienteret tankegang, end det er tilfældet i Danmark. Herhjemme er det således karakteristisk, at sports- og mediesystemet i dag er en del af Kulturministeriets ressortområde, og der gives forskellige former for offentlig støtte, fordi medier og sport i mange år har været anset for at understøtte demokratiet, og fordi man har set området som et vigtigt omdrejningspunkt for identitetsdannelse og fællesskabsoplevelser lokalt og nationalt.

Ikke desto mindre er sport og medier også i dansk sammenhæng i dag blevet områder, som aktionærer i voksende omfang ønsker at tjene penge på, og som ikke mindst kommercielle aktører ønsker at udnytte. De trykte medier har i snart mange år overvejende skullet fungere på kommercielle præmisser (de får dog også offentlig støtte), men gennem de sidste årtier er en voksende del af dem overgået til nye ejerskaber, hvor kravene om gode resultater på bundlinjen er mere markante.

Gennem de sidste 20 år har vi fået et stadigt voksende antal radio- og tv-kanaler, og langt størstedelen af disse skal i dag overleve på rene markedsvilkår og finansiere deres aktiviteter gennem reklame- eller abonnementsindtægter. Selv de licensfinansierede medier har i et vist omfang været nødt til at tilpasse sig markedslogikkerne for overhovedet at kunne opretholde politikernes og den brede offentligheds opbakning til licensmodellen. Siden Danmarks Idræts-Forbund i 1969 tillod dragtreklamer, er den danske elitesport gradvist blevet kommercialiseret, og især siden 1980'erne, hvor det danske herrefodboldlandshold fik et internationalt gennembrud, Team Danmark blev oprettet, og politikerne derfor bevidst begyndte at støtte udviklingen af eliten, har dele af elitesporten fået en forretningsorienteret tilgang til udviklingen af deres aktiviteter. Parallelt hermed er 'breddeidrætten' både kvalitativt og kvantitativt eksploderet, og siden implementeringen af fritidsloven i starten af 1970'erne er kommunale investeringer i idrætsanlæg blevet offentligt understøttet af kultur- og socialpolitiske årsager. Denne dobbelte identitet som både forretning og kultur betyder, at tv-sport i dag er reguleret af forskellige former for lovgivning, der har udspring i europæisk markeds- og kulturpolitik, der imidlertid i praksis ikke er lette at forene og affoder en række politiske dilemmaer. Det har f.eks. vist sig, når politikerne i Danmark af kulturpolitiske årsager har valgt at lave en særlig liste over store sportsbegivenheder, som danskerne skal sikres adgang til, og som derfor skal vises på landsdækkende tv. Med et sådant indgreb begrænser man i realiteten idrætsorganisationernes muligheder for at udnytte markedskræfterne på tv-markedet til at opnå økonomisk gevinst ved at sælge rettighederne til højest bydende. Og man begrænser tv-stationers mulighed for at konkurrere på rene markedsvilkår. For at løse det dilemma har Kulturministeriet i enkelte tilfælde bedt Konkurrencestyrelsen fastsætte en markedsbaseret pris på de rettigheder, som de landsdækkende kanaler skulle tilbydes en begivenhed for. Men den pris, som myndighederne er kommet frem til, er blevet afvist af de landsdækkende stationer som værende alt for høj. Så i sidste ende er nogle af disse begivenheder alligevel blevet sendt på kanaler, som ikke har kunnet leve op til myndighedernes definition af, hvad det vil sige at være landsdækkende.

Dansk tv-sport i et krydsfelt

Bogens fokus er på danske forhold, og der vil samtidigt være et snævert fokus på tv og en afgrænsning mod de 'nye medier', fordi tv har haft (og fortsat har) særstatus – både i forhold til sporten og i forhold til de øvrige mediers sportsdækning.

Når jeg vælger at fokusere på Danmark, er det, fordi der næsten intet findes om danske forhold, og fordi der er særlige forhold, der gør sig gældende i små lande, men kun nødtørftigt er dækket ind af den eksisterende internationale litteratur. Det betyder dog ikke, at udviklingen i Danmark er fuldstændig unik eller kan betragtes isoleret. Faktisk er det en pointe, at såvel tv som sport har haft en særlig evne til at krydse nationale grænser. Men udgangspunktet for mit valg af fokus er, at dette på sin egen måde sætter sig igennem i små lande. Man kan således ikke forstå de danske udviklinger uden samtidig at inddrage internationale forhold. F.eks. fylder internationale sportsbegivenheder mere og mere i det samlede udbud af tv-sport, og et væsentligt træk ved dansk tv-sports programmæssige profil er, at den netop altid har rummet en meget stor andel af international sport. Og på sportens område har de danske sportsorganisationer for længst erfaret, hvordan de europæiske myndigheders beslutning om at betragte professionelle sportsfolk som arbejdskraft har skabt stor mobilitet på tværs af landegrænser (Bosmann-dommen) og resulteret i en stigning i lønningerne. En lønudvikling, som dertil også er blevet stimuleret af eksplosive stigninger i indtægter hentet fra tv som betaling for rettigheder.

Forholdet mellem sport og tv er bl.a. på grund af sådanne strukturelle forhold og teknologiske udviklinger i voksende omfang påvirket af internationale udviklinger og reguleringer. Dansk tvsport udfolder sig bl.a. derfor i et krydsfelt mellem det nationale og det internationale. Når jeg her holder stringent fast i danske forhold, er det for at give plads til en nuancering og en substantiel beskrivelse af, hvordan det spiller sammen med et andet krydsfelt. Nemlig hvordan sportens og mediernes dobbelte identitet som både kultur og forretning kommer til udtryk, og hvordan de internationale udviklinger altid har påvirket og fortsat påvirker dansk tv-sports ageren i forhold til dette andet krydsfelt.

Pointen er nemlig, at forholdet mellem sport og tv i en dansk sammenhæng meget dårligt lader sig beskrive entydigt. I tv's barndom var ikke blot ideale, men også mere prosaiske interesser på spil bag lanceringen af det nye medie. Og selv i nogle af de mest strategisk og kommercielt prægede samarbejder finder vi i dag en form for 'ideologisk blandingsøkonomi' hos de involverede. Dette skal forstås på den måde, at samarbejdet er præget af en forretningsorientering, men at denne netop fordrer, at parterne også respekterer en historisk forankret tradition for at anskue sport og medier som kulturelle og samfundsmæssigt forpligtede institutioner (Frandsen 2009).

Selvom dele af sporten bliver kommerciel i sin økonomiske basis, er publikums relation til den i bund og grund social af natur (Hjelseth 2006) – bl.a. fordi de knytter forskellige former for identitet til en klub eller en bestemt sportsgren. Sporten tilbyder dem en mulighed for at dyrke bestemte sider af deres identitet, og denne mulighed er så attraktiv, at de er villige til at betale for adgang til den. Det er her en af de centrale krumtapper i sportens oplevelsesøkonomiske potentiale ligger. Og dette økonomiske potentiale viser sig også på andre måder. Det er nemlig også en central komponent hos dem, som arbejder professionelt i feltet. Når sponsorer ønsker at investere i sporten, er det, fordi de ønsker at knytte deres produkter eller organisationer til den pågældende sports kulturelle og sociale værdier. Og selvom medarbejderne på tv's sportsredaktioner har sport som deres professionelle område, har mange af dem også en identitet som passionerede sportsfans og værdsætter bestemte værdier i bestemte sportsgrene eller klubber. Denne passion er både drivkraft og udtryksform for mange sportsjournalister, og det er en identitetsmæssig faktor, som tvinstitutionerne i sidste ende er afhængige af for at nå deres strategiske – og kommercielle – mål.

Fascination og køn

Når tv-broadcastere og sportens organisationer overhovedet kan bruge hinanden til noget, hænger det sammen med, at et samarbejde kan sikre de to parter adgang til et publikum, som de af forskellige årsager begge har en interesse i at få kontakt til. Publikum spiller reelt hovedrollen, og jeg vil derfor koble beskrivelsen af samarbejdet mellem sport og tv med en beskrivelse af publikummet og dets fascination af sport. Publikums fascination har nogle særlige karakteristika, og for nogles vedkommende er fascinationen så stærk, at adskillige aktører har formået at bygge en rentabel forretning op på den på trods af et relativt lille tv-marked. Som vi skal se, er det dog også for nogles vedkommende en fascination, som rækker langt ud over mediets rammer, idet den retter sig mod et fænomen, som kan opleves og udøves i 'det virkelige liv'. Det gør en meget vigtig forskel for publikum, og det adskiller sportspublikummets fascination fra andre former for tv-båret fankultur.

Lige siden tv's barndom har sportspublikummet givet tv-sport strategisk betydning. Sport har sit eget liv uden for medierne og er en meget populær del af den folkelige kultur, hvor en stor del af publikum ikke kun har været tilskuere, men også aktive udøvere. Det er også karakteristisk, at sportsbevægelsen historisk set blev udviklet af mænd for mænd (Bonde 1991), og at kvinder reelt har skullet kæmpe for at få adgang til dette univers og blive accepteret på egne præmisser. Fascinationen har altså også en kønsmæssig dimension, som f.eks. har gjort sportens arenaer og tv's sportsprogrammer interessante for helt bestemte kommercielle aktører med produkter målrettet mænd. Samtidig betyder den kønsmæssige skævvridning, at tv-sport skiller sig ud fra de fleste andre former for tv. Sat på spidsen kan man sige, at tv-sport i dag er et udtryk for et køns-ideologisk efterslæb. Når dette med få undtagelser stort set ikke har ændret sig, i takt med at kvinderne har indfundet sig i de aktives og programmedarbejdernes rækker, hænger det sammen med flere komplicerede forhold.

Den umiddelbare forklaring er, at mænds fascination af sport fortsat definerer feltet, både hvad angår produktion og oplevelse af tv-sport. Det er mænd, der er chefer på redaktionerne, og det er deres kvalitetskriterier, der er toneangivende. En øget fremvisning af 'kvindesport' vil imidlertid ikke automatisk tilvejebringe flere kvindelige seere. Som vi skal se, er identifikation en afgørende faktor for oplevelsen, men der er ikke kun tale om at finde rollemodeller. Andre træk end de kønsmæssige kan også vække seerens sympati og interesse. F.eks. ser vi en stor fascination af sportspersoner, der gennem deres adfærd på og uden for banen bryder grænser. De giver programmerne og konkurrencerne en højt værdsat uforudsigelighed, og de tilbyder seeren en mulighed for at 'gennemleve' adfærd, som er tillokkende, men forbundet med social risiko og derfor sandsynligvis aldrig ville finde sted i seerens virkelighed. Samtidig er det tydeligt, at kulturelle tilhørsforhold, især det nationale, spiller en væsentlig rolle, og interessen for at se sport på tv er i høj grad påvirket af graden af international succes. Sidst, men ikke mindst, skal det pointeres, at sportsgrenenes iboende dramatiske egenskaber også spiller en rolle, når seerne hjemme i stuerne foretager deres valg med fjernbetjeningen. Nogle sportsgrene er således lettere tilgængelige og kræver mindre forhåndsviden for at underholde og fascinere end andre. Og nogle sportsgrene rummer fortællinger, der appellerer meget forskelligt til de to køn.

En anden type forklaring på den kønsmæssige bias i den danske sportsdækning er, at mændenes historiske 'fortrinsret' til at definere feltet er blevet cementeret i kraft af nogle af de basale branchelogikker, som har styret tv gennem de sidste 20 år (Syvertsen 1997). Tv-konkurrencen har medført et øget fokus på seertal, og man har samtidig været underlagt et økonomisk pres for at få mest muligt tv ud af hver investeret krone. Som vi senere skal se, har dette med årene formindsket risikovilligheden i programpolitikken, og kombineret med det økonomiske pres har det nærmest 'nedfrosset' den programmæssige udvikling og mangfoldighed. Fænomenet kan iagttages i hele Europa, hvor herrefodbold både i dækning og forbrug i overvældende grad dominerer tv-sporten. I snart 100 år har herrefodbold nydt stor opmærksomhed fra sportspressen (se f.eks. en kortlægning heraf i svenske dagblade i Wallin 1998: 68), og herrefodbold har da også altid og især siden starten af 1970'erne lagt beslag på en stærkt voksende andel af sendetiden på dansk tv. Denne privilegerede position har fodboldens organisationer kunnet udnytte optimalt til egen fordel, da der kom konkurrence på både de danske og øvrige europæiske tv-markeder i løbet af 1980'erne og de tidlige 1990'ere. Senest har myndighedernes forsøg på at regulere området ved at diktere en opdeling af fodboldrettighederne i pakker, der helst skal sælges til forskellige og konkurrerende tv-kanaler, i realiteten understøttet fodboldens fortsatte dominans i programudbuddet.

Det gode match

Når tv står så stærkt i sportspublikummets bevidsthed, hænger det sammen med, at der er et særligt godt match mellem det 'sprog', som mediet bruger, og det, som sport handler om for mange – nemlig en fascination af de fysiske og mentale præstationer og spændingen om en konkurrences udfald. Sport er i høj grad en iscenesættelse af kropslige præstationer, og hver konkurrence udgør en lille afrundet dramatisk fortælling. Det passer umådeligt godt til et medie, der udfolder sig i et tidsligt forløb, som seeren må følge med i. Tid er en vigtig parameter, når man producerer og tilrettelægger tv, og hvert enkelt program bliver programsat til et bestemt tidsrum. Og her passer nogle sportsgrene umiddelbart bedre til tv end andre – både fordi deres konkurrencer er organiseret i længere turneringer, de er planlagt i meget god tid, og spændingsmomentet i deres konkurrencer knytter sig til et afgrænset tidsforløb. Tv's audiovisuelle sprog betyder ligeledes meget. Tv bruger et sprog, der kun stiller få krav til seeren og ikke kræver skriftsproglige kompetencer, som f.eks. aviserne og internettet gør.

Tv trækker på kognitive kompetencer, der ligger meget tæt på dem, vi er oplært i gennem vores hverdagslige, fysiske og sociale omgang med andre, hvor evnen til at se, iagttage og 'læse' omgivelserne har betydning for vores sociale succes. På tv får sportens personer ansigt, og vi lærer dem bedre at kende gennem deres gestik og adfærd. Det betyder også, at tv giver os masser af indsigt af følelsesmæssig og social karakter, som vi ikke får gennem de trykte medier. Tv skaber dermed nye sociale situationer (Meyrowitz 1985), fordi det ændrer publikums opfattelse af og forventninger til de personer, vi ser på skærmen. Det påvirker publikums adfærd, ligesom det sætter nye vilkår for sportens personer og organisationer, at udøvernes personlighed står centralt i dækningen.

Tv's mulighed for at sende lyd og billeder fra lokaliteter og begivenheder direkte hjem til seerne i de private stuer er unik. Evnen til (eller muligheden for) at bringe publikum tæt på sportens konkurrencer, mens de foregår, er helt afgørende for at forstå, hvorfor tv har så stærk en position som sportsmedie. Det betyder nemlig, at seeren så at sige kommer på niveau med deltagerne i konkurrencerne og f.eks. de tilstedeværende journalister og tilskuere. Ingen af dem kender udfaldet af konkurrencen, og der kan opstå en særlig form for mentalt fællesskab omkring denne oplevelse af spænding, som man deler og får forløsning for samtidig – selvom det altså i geografisk forstand kan foregå meget langt væk. Disse kvaliteter er gennem årtier blevet understøttet af den teknologiske udvikling, hvor f.eks. satellitter og senest fladskærmsteknologi og HDTV, har givet seerne en unik oplevelse af at komme helt tæt på.

Oplevelsen af sport på tv adskiller sig således både fra oplevelsen af sport i andre medier og fra oplevelsen ude i sportens arenaer. Tv-oplevelsen får man oftest hjemme i de private rammer, og for nogle er denne oplevelse at foretrække frem for en tur på f.eks. stadion. For andre udgør det blot en anden – men stadig meget attraktiv – oplevelse. Som vi skal se, betyder de hjemlige rammer nemlig også noget for oplevelsen. Enten fordi man kan skabe sine egne sociale rammer og f.eks. invitere personer, som har social betydning for en, hjem, så man kan dele oplevelsen. Dette ses især ved meget store eller særligt betydningsfulde begivenheder. Seningen kan også være tæt vævet sammen med seerens øvrige liv. Det gælder ved den mere 'hverdagsagtige' sportssening, som finder sted uden for de store internationale begivenheder. Her kan oplevelsen få en anden dimension, fordi den udgør et eftertragtet 'helle' midt i hverdagslivet, ligesom man selv kan forandre den kvalitativt ved løbende at supplere seningen med live-opdateringer på internettet, eller ved at sms'e med venner, der også er interesserede i begivenheden.

Bogens materiale og metode

Denne bog bygger på mange års arbejde og er i høj grad motiveret af et ønske om at trække nogle store udviklingslinjer op. Samtidig trækker fremstillingen store veksler på materiale, som er blevet indsamlet gennem en lang årrække. Det gælder i særdeleshed de kapitler, som beskæftiger sig med samarbejdsrelationerne mellem sporten og tv, men det gælder også i et vist omfang publikumsoplevelsen og analysen af, hvad der var afgørende for programudviklingen. Materiale til at få specifik viden om både de historiske udviklinger, om samarbejdsrelationerne og om publikums oplevelser af tv-sport er ikke umiddelbart offentligt tilgængeligt.

Det historiske perspektiv har på mange måder udgjort en udfordring. Først og fremmest fordi det mest oplagte materiale at starte med, nemlig programmerne selv, simpelthen ikke længere eksisterer, og dernæst fordi der ikke foreligger andre historisk orienterede empiriske analyser af dansk tv-sport – bortset fra forfatterens egne undersøgelser og iagttagelser gennem mere end 20 år. Sportsprogrammer har i stort omfang været live-programmer, og i en lang årrække blev disse ikke båndede. Det samme gælder studiedelene i nyheds- og magasinprogrammer, hvor det kun er indslagene, der er gemt – og det i et båndformat, som kun kan gennemses, hvis det bliver spillet over på et nutidigt format. I flere perioder slettede DR endvidere systematisk en del programmer for af økonomiske årsager at kunne genbruge bånd. Og i perioder har arkiveringen af programmer været overdraget til sportsredaktionen selv, der især har arkiveret højdepunkter fra internationale begivenheder og transmissioner med henblik på senere produktionel brug. Først fra midten af 1990'erne blev der iværksat en systematisk pligtaflevering af alle danske tv-programmer til Statens Mediearkiv. Derfor er beskrivelserne af programvirksomheden bygget op på et mere sammensat materiale, hvor andre kildetyper end programmerne selv har fået stor betydning. Først og fremmest trækkes der på en registrant over programmerne i de tidlige år, udarbejdet af Stig Hjarvard og Anne Jespersen til forskningsprojektet "Dansk tv's historie". Dernæst bygger beskrivelsen på en ret sporadisk omtale af tv-sportens programvirksomhed og samarbejdsrelationer i DR's årbøger, gennemsyn af trykte arkivalier med interne beskrivelser af sportsprogrammernes indhold i DR's egne arkiver, gennemsyn af udvalgte programmer og programindslag. Det mere systematiske overblik over programudbuddets tidlige historiske udvikling bygger derfor især på systematiske registreringer af tv-sportens programudbud hvert tredje år i perioden 1961-1985. Dette er sket med udgangspunkt i det righoldige pressemateriale, som på ugebasis er blevet udsendt fra Danmarks Radio til dagblade og ugeblade angående programvirksomheden (programoversigter, populært kaldet 'de hvide programmer').

En anden udfordring har været analysen af relationen mellem sportens organisationer og tv, hvor interessen retter sig mod forhold, som dels slet ikke er offentligt tilgængelige, dels er historiske og ofte knytter sig til nu afdøde personer. Der er her tale om forhold, hvor det skriftlige kildemateriale og nogle af de centrale personlige kilder enten er ikkeeksisterende eller meget svært tilgængeligt. Selvom forholdet mellem sportens organisationer og tv i meget høj grad i dag baseres på detaljerede skriftlige aftaler i form af rettighedskontrakter, er denne skriftliggørelse af forholdet ikke ensbetydende med lettere adgang for forskningen – tvært-imod. Detaljeringsgraden og skriftligheden er i sig selv udtryk for, at der er tale om strategisk og forretningsmæssigt yderst centrale relationer, og derfor bliver disse aftaler omgærdet med allerstørste fortrolighed. Tv er igennem alle de år, hvor materialet er samlet ind, blevet et tiltagende konkurrencepræget felt, hvor netop sport har fået en væsentlig strategisk funktion. Konsekvensen rent metodisk har været, at viden dels er baseret på et antal fortrolige dokumenter, dels i høj grad er bygget op via personinterviews og offentliggjorte synspunkter og informationer fra nøglepersoner fra f.eks. avisartikler. Dertil er andre typer kilder i form af studenteropgaver og specialer, hvor der har været adgang til lukket materiale eller været foretaget udførlige interviews med nøglepersoner, samt offentlige myndigheders rapporter, udredningsarbejder i form af f.eks. betænkninger og juridisk litteratur kommet til at udgøre centrale – men til dels noget ujævne – kilder til overhovedet at få viden om omfang og karakter af forholdet.

Bogens ambition om ikke desto mindre at forsøge at kaste lys over dette felt, er dog især blevet næret og indfriet, fordi en lang række personer knyttet til de beslutningstagende lag i de danske sports- og medieorganisationer gennem årene velvilligt har stillet sig til rådighed og valgt at bruge deres tid på at lade sig interviewe – både formelt og uformelt. Sidst i litteraturoversigten er en oversigt over de mest centrale interviewpersoner, som på forskellig vis har bidraget med afgørende indsigter og synspunkter til min fremstilling.

Hvad angår analysen af seerne, har bogen dels kunnet benytte sig af de kvantitative data, som ligger i Gallups TV-Meter-database, som ikke umiddelbart er offentligt tilgængelig, men som Aarhus Universitet har abonnement på. Her er seningen registreret systematisk siden 1992. Forud for indførelsen af de kontinuerlige seerundersøgelser foretog Danmarks Radio selv lejlighedsvist særlige undersøgelser af seningen af sports-tv, og resultaterne herfra ligger tilgængelige i offentliggjorte forskningsrapporter. Hvad angår de mere kvalitative aspekter af seningen, bygger bogen dels på en undersøgelse rekvireret og offentliggjort af DR i forbindelse med et kvalitetsudviklingsprojekt i sidste halvdel af 1990'erne, dels på upublicerede kandidatspecialer med fokus på sening af dansk sports-tv, og sidst, men ikke mindst, på en større kvalitativ interviewundersøgelse foretaget af mig selv i 2008-2009. Denne undersøgelse tog form som to adskilte, men forbundne, kvalitative studier af kerneseere til dansk tv's transmissioner af dansk klubhåndbold og dansk klubfodbold. Hensigten med disse to undersøgelser var at få indsigt i, hvilke oplevelseskvaliteter der knytter sig til sening af den mere ordinære del af dansk tv-sport, der samtidig er kommet til at dominere udbuddet. I håndboldundersøgelsen blev der lavet individuelle og par-interviews med i alt 19 personer (10 kvinder og 9 mænd), og i fodboldundersøgelsen blev der lavet et enkelt gruppeinterview med 5 deltagere og 11 individuelle interviews (i alt deltog 4 kvinder og 12 mænd). Interviewpersonerne var valgt, så de alders- og kønsmæssigt reflekterede den spredning, som seergruppen til transmissionstypen generelt har. Langt de fleste interviews blev gennemført i respondenternes hjem.

Med denne gennemgang af bogens materiale er det formodentligt tydeligt, at den ikke ville være blevet til, hvis ikke den lange række af personer havde været villige til at dele deres fascination og entusiasme med mig. En stor tak skal derfor lyde til alle, for det er i bund og grund indsigter hos alle disse personer, der har motiveret arbejdet med emnet og gjort det både relevant og udfordrende at arbejde med det som forsker.

Bogen ville heller ikke være blevet til uden støtte til udgivelsen. En stor tak skal derfor afslutningsvist lyde til Institut for Informations- og Medievidenskab på Aarhus Universitet, Kulturministeriets Pulje for Idrætsforskning og Aarhus Universitets Forskningsfond, der alle har ydet økonomisk støtte.

MONOPOLDAGE
Kultur og kommercialisering

I slutningen af 1940'erne tog dansk sport de første spæde skridt ind i dansk tv. Dengang var ildsjæle i Statsradiofonien begyndt at eksperimentere og lære det nye medie at kende. Siden 1930'erne havde man kendt til teknologien, og i både USA, England og Tyskland havde man før 2. Verdenskrig gennemført sportsudsendelser – dog til et meget begrænset publikum (Barnett 1990, Boyle & Haynes 2009, Whannel 1992). Efter krigen genoptog man mange steder aktiviteterne, og da man i Danmark som det første blandt de nordiske lande startede eksperimenter med tv, var sport med på listen over aktualitetsstof (*Danmarks Radios Årbog 1946-47*, Søndergaard 2006).

Set i et mediehistorisk perspektiv kan det umiddelbart virke overraskende, at man så klart var indstillet på at indlemme sport i tv's programudbud. Sport havde nemlig som folkeligt og populærkulturelt fænomen haft svært ved at vinde indpas som rutinemæssigt stof i radioen. Ligesom det var tilfældet i en række andre europæiske lande, havde politikerne i Danmark besluttet ikke at overlade radioen til de frie markedskræfter og entreprenante aktørers ønske om at tjene penge. I stedet havde man i 1925 etableret monopolinstitutionen Statsradiofonien, som skulle sikre, at det nye elektroniske medie blev udnyttet til at styrke det danske samfunds kulturelle og politiske sammenhængskraft. De kulturpolitiske idealer var således at bruge radioen til at danne og uddanne den brede befolkning (Skovmand 1975, Jensen 1997). Radioen var derfor underlagt politisk kontrol, programaktiviteterne var licensfinansierede, og nyheder, oplæsninger, foredrag og klassisk musik havde høj prioritet. Det var først, efter at reporteren Gunnar 'Nu' Hansens meget levende reportager fra OL i Berlin 1936 gav sportsreportager et uafviseligt folkeligt gennembrud, at sport for

alvor gjorde sit indtog i dansk radio og efterfølgende blev til en
rutinemæssig del af radioens aktualitetsdækning (Interview med
Gunnar Hansen 1991, Rasmussen 1965).

Kultur og journalistik

Da Statsradiofonien startede eksperimenterne med tv, skete det
efter inspiration fra BBC. Her havde man sendt den første live-
transmission af en sportsbegivenhed på tv i 1937, og man havde
i de efterfølgende år set, at sportsstoffet havde særlige kvaliteter,
når det drejede sig om at gøre erfaringer med det tekniske udstyr,
og især når det drejede sig om at skaffe sig et bredt og nationalt
publikum til programmerne (Barnett 1990). I Danmark spillede
det også en rolle, at tv generelt blev tænkt i direkte forlængelse af
radioen. For tv-sporten blev forbindelsen til radioen dog ekstra
tydelig, fordi ledelsen i Statsradiofonien bad Gunnar Hansen, som
i mellemtiden var blevet sportsredaktør på Pressens Radioavis, om
også at overtage ansvaret for udviklingen af sportsprogrammer til
tv. Allerede under OL i 1936 havde han stiftet bekendtskab med
tv-mediet, da han blev inviteret til gennemsyn af flere prøveop-
tagelser, som den tyske radiofoni benyttede begivenheden til at
eksperimentere med (*Danmarks Radios Årbog 1946-47*, Interview med
Gunnar Hansen 1991). Gunnar Hansen var begejstret:

> Trods min travlhed blev jeg så betaget af dette tekniske
> vidunder, at jeg blev siddende i over en time, og skønt
> Hitlers olympiske lege var min første store selvstændige
> opgave inden for radioen, blev jeg klar over, hvilke fanta-
> stiske chancer, der ville opstå, når fjernsynet engang nå-
> ede til Danmark. (Gunnar Hansen i Idorn 1993: 99)

Tv-sporten i Danmark blev med Statsradiofoniens udpegning af
Gunnar Hansen som ankerperson forankret i en bestemt tilgang
til sport. Han anså sportens begivenheder som særligt vigtige ud

fra en national og en dannelsesmæssig betragtning, og dækning af sportsbegivenheder kunne hjælpe Statsradiofonien med at opfylde dens kulturpolitiske forpligtelser om at formidle den nationale kultur og skabe en fælles national erfaring og bevidsthed.

Tilsammen har disse organisatoriske omstændigheder betydet, at programlinjen i først radio og sidenhen på tv blev udviklet ud fra kriterier, hvor frem for alt nyhedsværdi, aktualitet og hensyntagen til mangfoldighed i dækning af sportsbevægelsens mange forskellige begivenheder og sportsgrene i mange år var centrale orienteringspunkter (Interview med Gunnar Hansen 1991).

Det historiske udgangspunkt udgør en vigtig forudsætning for at forstå dansk tv-sport og de motiver og forventninger, der gennem tiden har næret de forskellige diskussioner af programpolitikken, hvor f.eks. spørgsmål om alsidighed og kommercialisering ofte har trængt sig på. Tv var tænkt som en kulturinstitution, der uafhængig af såvel politiske som økonomiske interesser skulle tjene oplysende, kulturelle og dannende formål. Modellen bag konstruktionen af public service-institutionen var således baseret på følgende fire centrale elementer:

1. Man måtte ikke sigte efter økonomisk gevinst – formålet var ideelt.
2. Man skulle i princippet nå ud til hele befolkningen.
3. Programvirksomheden skulle styres ud fra centralt fastlagte principper og overordnede nationale hensyn og derfor ikke tage hensyn til regionale eller andre særinteresser.
4. Man skulle betjene hele sit publikum – forstået som den samlede mangfoldighed af særinteresser.

Set i forhold til disse kulturpolitiske målsætninger har sport ikke umiddelbart stået øverst på institutionens dagsorden. Ligesom andre dele af populærkulturen og underholdning i det hele taget i mange år heller ikke blev anset for at være velegnede til at opfylde institutionens formål (Skovmand 1975). Stoffets evne til at få tag i brede befolkningsgrupper og forene dem på tværs af sociale og geografiske skel har man dog ikke kunnet sidde overhørig, og institutionen har derfor igennem mange år haft en ambivalent holdning til sportsstoffet. Det, som i tv's barndom ydermere har bidraget til at gøre sporten 'spiselig' for Statsradiofonien, er utvivlsomt, at sportsbevægelsen i Danmark i efterkrigstiden stadig var domineret af amatørsportens idealer. Sport skulle 'dyrkes for sin egen skyld' – dvs. fordi det var fysisk og mentalt dannende for den enkelte – og ikke fordi udøverne eller andre interessenter kunne tjene penge på det. Det var med andre ord en samfundsgavnlig aktivitet, der ligesom Statsradiofoniens egen programaktivitet i princippet blev anset for at være hævet over økonomiske interesser. Samtidig havde en dominerende opfattelse af sport som et upolitisk fænomen efterhånden grundfæstet sig og afløst tidligere tiders politiske brydninger i denne del af kropskulturen (Korsgaard 1982).

Netop denne ideologiske opfattelse var Gunnar Hansen stærk eksponent for. Det var det perspektiv på sport, som betød, at det var ham, der kom til at dække OL i Berlin i 1936, og det var en holdning, som gennemsyrede en række meget populære radioreportager, han lavede fra OL i London 1948, og som efter hjemkomsten gav ham en helt særlig status som laurbærkranset national folkehelt (Interview med Gunnar Hansen 1991, Sandvad 1965). Gunnar Hansen betragtede sport som et felt uden for politik og økonomi. Her kunne folk mødes i 'fredelig kappestrid' på tværs af klasse, race og nationalitet – og det gjaldt nødvendigvis også, når det drejede sig om sport i national sammenhæng.

Gunnar Hansens opfattelse af sport som ukontroversielt stof, der kunne forene folk på tværs af politiske og sociale skel, har passet som fod i hose til den meget politisk styrede institution, som Statsradiofonien dengang var. Social- og kulturpolitiske intentioner kunne her gå hånd i hånd: Udfoldet på amatørbasis var sport en del af kulturen, hvis interesser Statsradiofonien uden større problemer kunne varetage gennem sin programvirksomhed. Det har også været baggrunden for, at hverken ledelsen eller andre instanser interesserede sig for programpolitikken: "(...) ingen indefra kritiserer sportsudsendelserne, vi har det på en måde så dejligt for os selv" (Sandvad 1965). Ledelsens manglende interesse har dog også været udtryk for, at sporten både på dette tidspunkt og senere ikke var fuldt accepteret i institutionen, hvilket kom til udtryk på mange måder. I starten af 1960'erne fremgik det indirekte, når man *efter* sportsredaktionens ugentlige sportsmagasin, der blev sendt hver torsdag kl. 19, lod speakerpigerne, stationens officielle ansigt udadtil, tage over med følgende ord: "God aften, her er fjernsynet". Gunnar Hansen så det som et klart signal om, at man ikke helt accepterede sporten (Idorn 1993: 106). I årbøgerne fra institutionen er sportsprogrammerne da også blevet meget sporadisk behandlet, og medarbejderne på sportsredaktionen oplevede det som manglende anerkendelse og interesse fra ledelsens side – helt indtil nogle år efter monopolbruddet.

Sportens autonomi var nu også i høj grad betinget af, at man havde en fælles ideologisk platform – den fælles interesse i at udbrede sportens glade budskab om fællesskaber og en sund sjæl i et sundt legeme – og den fik i realiteten lov til at eksistere indtil 1980'erne. Selvom spørgsmål om sportsredaktionens ukritiske tilgang til stoffet en enkelt gang blev taget op i den øverste ledelse i 1974, forblev tilgangen uændret: Gunnar Hansens folkelige popularitet gjorde ham nærmest urørlig internt i Danmarks Radio (Interview med Hans Grønfeldt 2002).

Som vi skal se i det følgende, var samarbejdet alligevel ikke helt uden problemer, men betinget af at både sport og tv overvejende blev betragtet som kultur.

Den kulturpolitiske ramme for tv-sportens udvikling er, som nævnt, i et vist omfang et fælles nordeuropæisk fænomen, og det udgør et markant anderledes udgangspunkt, end tv-sporten havde i f.eks. USA. Her blev sportsdækningen på tv udviklet inden for rammerne af et rent kommercielt tv-system, hvor tv skulle finansieres udelukkende ved hjælp af reklamer, og hvor det handlede om at sikre tv's annoncører et stort publikum på de rigtige tidspunkter (Wenner 1989, Fortunato 2001). I praksis har man derfor haft en langt smallere sportsdækning, og man har satset på at udvikle underholdningsdimensionen i de direkte transmissioner.

Helt hævet over økonomiske interesser var dansk tv nu heller ikke. Økonomien har reelt spillet med i kulissen og været med til at forme tv-sporten. Dette skyldes, at omkostningerne ved at producere et tv-program er de samme uanset publikums størrelse. Anskaffelse af produktionsudstyr og udgifter til produktion og distribution er stort set de samme uanset publikumsgrundlaget. Og når man skal etablere et programudbud til et publikum, som er af så begrænset størrelse som det danske, må man nødvendigvis skele til økonomien (Søndergaard 2006). I de tidlige år blev tv-aktiviteterne i Statsradiofonien finansieret af licenspenge fra radioen. Men dette blev anset for problematisk af den øverste ledelse i Radiorådet, da tv var et meget dyrt medie at producere, og radioen fortsat blev set som institutionens primære medie. Det var derfor vigtigt at få tv-produktionerne til at fungere økonomisk uafhængigt af radioen. Fordi produktion af tv, opbygningen af et sendenet og fjernsynet som produkt var dyre, måtte man også stimulere befolkningens interesse for at købe tv-apparater, så det ikke med den daværende radiorådsformands ord forblev en "luksusgenstand, som ligger uden for den jævne borgers rækkevidde" (Nørgaard 1955). Her har sportsprogrammer kunnet spille en væsentlig rolle. Sport kunne nemlig qua sin visuelle karakter og konkurrencernes uforudsigelighed på ypperste vis demonstrere mediets største fortrin: at vise begivenheden direkte for seere hjemme i deres egne stuer. I dette medie kom sportskonkurrencernes dramatiske og underholdende dimension til sin ret, og de sportsinteresserede kunne se og vurdere præstationerne på sportsbanen – uden at være afhængige af en journalists verbale eller skriftlige formidling.

Tv – ven eller fjende?

Både i Danmark og i udlandet blev tv modtaget med blandede følelser af sportens organisationer. Tv kunne nemlig også anses for en trussel, der ville holde publikum væk fra haller og stadions – og dermed true sportens eksistensgrundlag (Barnett 1990, Andreff & Staudohar 2002). Billetindtægter og kontingenter udgjorde dengang de altdominerende indtægtskilder for dansk sport, og derfor var det afgørende at trække publikum ud på lægterne.

Sporten stod ikke alene med dette problem, og tv kom frem i en periode med vækst i privatforbruget. Sammen med f.eks. privatbilen flyttede mediet en væsentlig del af underholdningsforbruget tilbage til familien (Helland 2003). Det var altså en bred samfundsmæssig udvikling, som også reflekteres i bekymrede udtalelser fra toppen i DBU i 1966, efter at man i en periode havde oplevet faldende tilskuerinteresse:

> Det kan være det kun er et overgangsproblem. Det kan være, at man overvurderer antallet af sommerhuse, og hvad dertil hører og navnlig lysten til at piske til et sommerhus den ene weekend efter den anden. Bare det at køre ud i bil kan næppe længere være den store fornøjelse. (*Dansk Boldsport 1966/1*. Her citeret fra Olsen og Grønkjær 2009: 9)

Tv var således en medvirkende faktor, da sport sammen med en række andre traditionelle underholdningstilbud uden for hjemmet som f.eks. biografer, danserestauranter og varieteer begyndte at miste publikum (Helland 2003, Bruun 2006). Som eksemplet med biler og sommerhuse peger på, kan denne forandring i underholdningskulturen dog ikke udelukkende tilskrives tv. Mediet var en del af en større økonomisk og social forandring med både voksende fritid og velstand, som man også kunne iagttage i f.eks. USA og England, og som alle steder har gjort det vanskeligt præcist at afgøre, i hvilket omfang sportens faldende tilskuertal kunne tilskrives tv-dækningen (Barnett 1990).

Der er dog ingen tvivl om, at tv-dækning i form af transmissioner faktisk var i stand til at påvirke tilskuerinteressen, men spørgsmålet var – og er – hvordan. Og her var og er svarene ikke entydige. I England var lederne i sportens organisationer allerede i forbindelse med de første livetransmissioner i 1939 stærkt bekymrede, og bekymringen voksede, da man genoptog aktiviteterne sidst i 1940'erne, og flere og flere husholdninger anskaffede sig et tv-apparat (Barnett 1990). Synspunkterne var dog stærkt delte; de angik forskellige former for effekt, og der var flere forhold, som talte for, at effekten ville være forskellig fra sportsgren til sportsgren. Diskussionerne på begge sider af Atlanten reflekterede dengang en række principielle synspunkter, som har vist sig at gå igen også i mange efterfølgende diskussioner. Nogle var stærkt begejstrede, fordi de fandt, at tv-dækning ville og kunne stimulere tilskuerinteressen for de transmitterede begivenheder. Andre anså tv-dækning for positiv, fordi de mente, det generelt kunne stimulere interessen for den pågældende sportsgren. Men rigtig mange var imod tv-dækning, enten fordi de frygtede en direkte negativ effekt på billetsalget til den transmitterede begivenhed, eller fordi de var bekymrede for effekten på tilskuerinteressen i forbindelse med andre begivenheder inkl. begivenheder i lavere rækker inden for samme sportsgren. Især hensynet til de mindre begivenheder – altså en beskyttelse af hele sportssystemet – stod dengang centralt, og i 1949 blev der i England endda fremlagt et forslag om, at 'sporten' i fællesskab skulle forbyde tv-transmissioner (Barnett 1990).

Det nærmeste, man kan konkludere fra disse diskussioner fra starten af 1950'erne, er, at man fra sportens side meget hurtigt blev opmærksom på, at tv var en central ny spiller med et særligt potentiale for at påvirke sportssystemet. Det blev ret hurtigt klart, at tv-transmissioner i visse tilfælde faktisk kunne *forøge* publikumstilstrømningen – måske fordi publikum gerne ville være en del af den nye slags event, som en tv-transmission var. Det stod også klart, at især transmissioner fra store begivenheder, som f.eks. store fodboldkampe, havde en mulig skadelig effekt på interessen for de mindre sportsbegivenheder (Klatell & Marcus 1988). Diskussionerne viste endelig også, at problemstillingerne var forskellige fra sport til sport, og at de også blev anskuet forskelligt alt efter sportens grad af professionalisering og kommercialisering. I England viste det sig ifølge Barnett f.eks. svært at nå til enighed i fodboldens rækker, da forskellige organisationer varetog breddens eller elitens/de professionelle klubbers interesser, og man så forskelligt på mediet alene af den grund. For alle parter ændrede diskussionerne til en vis grad karakter, da det blev besluttet at indføre kommercielt baseret konkurrence-tv i første halvdel af 1950'erne. Og i USA, hvor diskussionerne ifølge Barnett var noget mere ophedede, fordi stærke pengeinteresser stod bag såvel tv som sport, tog man i starten af 1950'erne hul på en lang række retssager, hvor man først forsøgte at regulere tv-dækningen gennem såkaldte 'blackout-rules' for at beskytte klubbernes entreindtægter og senere forsøgte at sikre sporten bedre muligheder for at profitere på tv-rettighederne ved at tillade kollektivt salg (Fortunato 2001, Klatell & Marcus 1988, Marsh 2005).

Også de danske sportsorganisationer har demonstreret en vis ambivalens med hensyn til tv. Og ikke ubegrundet, da man kunne skæve til især England og USA, der var lidt foran i diskussionerne pga. tv's tidligere udbredelse, satsningerne på transmissioner, og fordi man hurtigere var kommet på kollisionskurs – bl.a. på grund af større og mere udbredt kommercielle interesser.

Dansk Idræts-Forbund (DIF) var fra tv's start meget opmærksomme på udviklingen, og de forsøgte at gardere idrætten imod tv's eventuelle negative virkninger. I 1954 tematiseredes det nye medie i deres årsberetning, hvor der bl.a. henvises til erfaringerne fra USA:

(...) men vi må forudse en udvikling her som andetsteds, og en skønne dag har fjernsynet herhjemme måske samme udbredelse som den almindelige radio har i dag. Og så kan der opstå store problemer for idrætten. (Formand Leo Frederiksens beretning i *Dansk Idræts-Forbunds Aarbog 1954*)

Efterhånden som tv vandt indpas i Danmark, blev ønsket om at beskytte entreindtægter og publikumsinteressen til andre idrætsbegivenheder aktuelt. På vegne af samtlige specialforbund indførte

DIF i en kort periode i maj 1957 en boykot af dansk tv for at presse tv til at betale et minimumshonorar, når de ønskede at dække en idrætsbegivenhed (*Dansk Idræts-Forbunds Aarbog 1957*: 22). Konflikten, der fik støtte af de øvrige nordiske idrætsforbund, blev dog løst ved årets udløb, da man indgik en fælles overenskomst, hvor tv indvilligede i at betale et minimumsbeløb på 500 kr. pr. begivenhed for en etårig periode. Det var dog op til hver enkelt arrangør selv at afgøre, om denne pris var acceptabel, eller om man ville forhandle et højere beløb hjem. Aftalen blev fulgt op året efter, hvor DIF indførte en skelnen mellem direkte udsendelser, hvor der fortsat skulle betales et minimumsbeløb på 500 kr., og optagelser til senere udsendelser, hvor forbundene efter anmeldelse til DIF kunne give Statsradiofonien adgang til optagelser uden vederlag – ud over en erstatning for evt. usolgte billetter pga. kameraernes og tv-folkenes tilstedeværelse (*Dansk Idræts-Forbunds Aarbog 1958*: 21). DIF valgte at sidestille tv med den øvrige presses fri informationsret, når det angik dækning, som ikke var direkte. Det skete med henvisning til, at disse udsendelser "som regel vil være en god idrætspropaganda, og at mange idrætsgrene derfor vil være glade for dem" (*Dansk IdrætsForbunds Aarbog 1958*: 22).

I årene inden disse aftaler var det i ganske få tilfælde lykkedes Dansk Håndbold Forbund (DHF) og Dansk Boldspil-Union (DBU) at få Statsradiofonien til at betale et symbolsk beløb på 2.000 kr. for at få lov til at sende dele af en landskamp forskudt. Beløbene var fra Statsradiofoniens side tænkt som en erstatning for tab af tilskuerindtægter, men de to parter havde både dengang og senere svært ved at blive enige om, i hvor stort omfang tv's dækning rent faktisk påvirkede publikumstilstrømningen til stadioner og dermed også om kompensationens størrelse. Tv anerkendte i nogle tilfælde en mulig indflydelse på entreindtægterne og var derfor også villig til i et vist omfang at gå på kompromis med egne ønsker. Men Statsradiofonien var i mange år generelt meget forsigtig med at bygge en forventning op hos idrætsorganisationerne om, at mediet ville betale i forbindelse med dækning:

De forskudte halvlege vi sender af danske fodboldlandskampe på hjemmebane betyder ikke noget for tilskuertallet. (...) Direkte transmission ville nok betyde nedgang i tilskuertallet, selvom man som reporter helst vil sende direkte. (...) Vejret kan også holde folk hjemme. (...) Vi betaler for den risiko. Arrangørerne kan ikke regne med altid at få penge fra publikum og fjernsyn. (Gunnar Hansen citeret i Sørensen, 1966)

Dansk tv's holdning var her helt på linje med forbilledet, det engelske BBC, der indtil indførelsen af tv-konkurrence i England midt i 1950'erne havde forsøgt at forfægte det synspunkt, at man betalte en slags erstatning for f.eks. usolgte sæder, fordi kameraer optog pladserne. Med andre ord ønskede man at betragte betalingen som noget ganske andet end køb af en rettighed (Whannel 1992: 21-24).

De danske sportsorganisationers bekymring har ikke kun drejet sig om tabte indtægter ved en specifik tv-dækket begivenhed, men drejede sig, som i England og i USA, også om mediets påvirkning af sportspublikummet som sådan. Man var således bekymret for, om tv-dækning ville påvirke tilstrømningen til andre sportsarrangementer, som tidsmæssigt faldt sammen med tv's dækning. Derfor forsøgte DIF også sidst i 1950'erne at indsamle informationer om arrangementer og evt. aftaler med tv om dækning for at undgå for mange uhensigtsmæssige sammenfald. Det var en bekymring, som daværende chef for sportsredaktionen, Gunnar Hansen, i et vist omfang også anerkendte ved at søge en dialog med idrætsorganisationerne og ved at planlægge dækningen således, at tv netop ikke sendte transmissioner fra meget store og populære begivenheder, samtidig med at idrætsorganisationer havde store arrangementer (Schade 1975).

Denne konflikt mellem dansk sport og tv blev imidlertid kortvarig, og den fælles ideologiske sag, ønsket om at skabe interesse for at dyrke idræt, har sidenhen været en stærk orientering i samarbejdet, hvor mediet er blevet tillagt stor indflydelse:

Det er kolossalt værdifuldt at få unge til at dyrke idræt.
Ønsket om dette er måske dybest set baggrunden for
at TV sender så megen idræt. (...) siden TV begyndte at
bringe ridesport, har især unge flokkedes om rideskolerne.
Jeg tror, at fjernsynet har en ganske pæn andel i denne
udvikling. (Gunnar Hansen i Sørensen, 1966)

For tv har den mest genstridige samarbejdspartner utvivlsomt væ-
ret DBU, som i mange år opretholdt en relativ restriktiv attitude.
Dette angik ikke mindst landsholdsfodbolden, som tv på grund
af det nationale og sportens popularitet var særligt interesseret i,
men hvor forbundet tjente en del penge på entreindtægter (Olsen
& Grønkjær 2009a: 9). Der gik således næsten 30 år, inden dansk
tv fik lov at sende direkte og fulde transmissioner fra klubfodbold-
kampe og fra landskampe på hjemmebane. DBU har dog også været
det forbund, som tv historisk har haft det mest formaliserede og
aftalestyrede samarbejde med. Dette skyldes nok ikke mindst det
forhold, at fodbolden organiserede sig på europæisk plan parallelt
med fjernsynets udvikling, og at de to nye europæiske organisatio-
ner, nemlig den for fodbold, UEFA, og den for tv, EBU, allerede i
1955 indgik den unikke Wieneraftale, som ingen andre idrætsor-
ganisationer fik med tv, og som fastsatte fælles regler for, hvordan
UEFA skulle gribe samarbejdet an, og hvordan samarbejdet skulle
fungere i alle medlemslandene (Idorn 1993: 103). DBU tilsluttede
sig denne aftale, og i realiteten gav den fodboldforbundene stor
magt ved f.eks. også at dæmme op for tv's transnationale dimen-
sion for at beskytte sportssystemet som helhed. En af reglerne gik
således ud på, at en transmission fra en landskamp mellem Dan-
mark og Tyskland, der blev spillet i Danmark, kun kunne transmit-
teres i f.eks. Sverige, hvis det svenske fodboldforbund tillod det.

DBU's holdning til tv på daværende tidspunkt viser, at det var
det forbund, som havde mindst brug for tv – og måske mest at
tabe. På mange måder har man været helt på linje med andre større
nationale forbund, som f.eks. det engelske, der også ønskede at
holde tv væk for at beskytte sine entreindtægter (Whannel 1992:

80-81). Unset hvad har DBU hverken af pr-mæssige, moralske eller økonomiske grunde haft brug for tv før efter indførelsen af professionel fodbold.

Relationen mellem sport og tv havde overordnet set mange ligheder med radio og aviser, som hidtil havde viet sporten journalistisk opmærksomhed. Journalistisk omtale i tv var eftertragtet af samme basale grunde. Først og fremmet fordi mediedækning generelt har været forbundet med noget positivt og betragtet som et skulderklap til både udøvere og ledere. Det er i disse offentligheds-medier, at forhold af væsentlig samfundsmæssig og kulturel betydning er blevet omtalt og diskuteret, og de har siden slutningen af det 19. århundrede haft som funktion at være den arena, hvor en demokratisk debat har kunnet udfolde sig, og man har kunnet blive oplyst og dannet som borger. Her har samfundet kunnet kommunikere med sig selv og om sig selv. Set fra sportens side har mediedækning derfor også altid haft en meget vigtig symbolsk betydning, idet det har fungeret som en institutionel samfundsmæssig anerkendelse af sport som kulturelt og socialt fænomen (Birrell 1980). Dette har ikke mindst gjort sig gældende, når der har været tale om dækning i det landsdækkende og kulturpolitisk højtprioriterede monopolmedie.

Men forholdet mellem tv og sport blev også noget særligt, fordi tv rent formidlingsmæssigt åbenbarede nye muligheder, som har gjort dette medie attraktivt for sporten. Dette så man fx allerede først i 1950'erne, hvor Statsradiofonien endnu ikke lavede egentlige transmissioner, men hvor man i stedet producerede programmer, hvor udøvere fra forskellige sportsgrene kom i studiet og viste, hvad de kunne. Mediets visuelle dimension kunne således også tjene instruktive og interesseskabende formål på en helt anden måde, end radio og aviser kunne. De fleste sportsorganisationer begyndte således lidt efter lidt at betragte tv som endnu en mulighed for både at skaffe kontingentbetalende aktive og flere entrebetalende tilskuere. I en lang årrække var dette den gængse forståelse, hvorfor tv helt frem til sidst i 1980'erne havde stor frihedsgrad og kun betalte mindre 'erstatningsbeløb' til sporten – og oftest slet ikke noget – når de dækkede en dansk sportsbegivenhed (*Betænkning nr. 992*, Interview med Claus Borre 1994).

Idealer og virkelighed

Som tidligere nævnt var tv rent produktionsmæssigt et meget dyrt medie, og i et lille land som Danmark har det været et stort problem. Samtidig var det vigtigt at få etableret et programudbud, som ud over at besidde visse populære kvaliteter også skulle være af et vist omfang (Søndergaard 2006). Statsradiofonien var derfor med, da ni europæiske offentlige broadcastere i 1954 dannede sammenslutningen Eurovisionen (EBU), hvis formål bl.a. var en indbyrdes udveksling af programmer for at kunne skaffe dem billigere. Samarbejdet viste sig at få afgørende betydning for dansk tv-sport i de følgende årtier. Det satte et meget direkte aftryk i programudbuddet og blev hurtigt katalysator for en væsentlig kommercialiseringsproces. Samtidig lukkede dansk tv her op for dynamikker, som satte de idealistiske målsætninger bag programpolitikken under voldsomt pres.

Ved premieren for samarbejdet *De Europæiske Fjernsynsuger* i sommeren 1954 udgjorde sportstransmissioner fra store, prominente sportsbegivenheder som f.eks. VM i herrefodbold i Schweiz halvdelen af de udsendte programmer. Her demonstrerede sportsverdenen/sportsorganisationerne, at sport er et internationalt fænomen, som kan krydse grænser og trække et stort internationalt publikum. Sportstransmissionerne var nogle af de mest populære udsendelser fra det nye samarbejde (*DR Årbog* 1958), og den store publikumsinteresse bevirkede, at sport hurtigt kom til at udgøre langt størstedelen af programudvekslingen i EBU (Hjarvard 1995: 108), og at internationale sportsbegivenheder allerede dengang udgjorde mere end halvdelen af de sendte sportstimer på dansk tv.[1]

---

1. Dette er baseret på egne, systematiske registreringer af programudbuddet – der præsenteres i kapitel 4.

Det danske tv-publikum blev således 'vænnet' til sportsprogrammer af både meget høj sportslig og produktionsmæssig kvalitet, og det har selvfølgelig ikke gjort det lettere for de lavere rangerende dele af det nationale sportssystem at få en andel af de timer, som sportsinteresserede danskere ville bruge på sport i fritiden. Men uden EBU-samarbejdet ville det næppe have været muligt for så lille en institution at tilvejebringe sportsprogrammer af samme omfang og kvalitet.

Med EBU-samarbejdet skabte man ikke blot en ny type international medie-organisation og nye programmer. Man skabte også et internationalt publikum. Publikum var nu af en helt ny orden både i størrelse og sammensætning, og det viste sig hurtigt særdeles interessant for kommercielle aktører, der havde ambitioner om at udvikle et internationalt marked for deres produkter. Der opstod her for første gang mulighed for at få direkte, visuel eksponering af ens budskab og produkt nationalt som internationalt. Sportens arena var det rum, hvorfra dette oftest kunne ske med størst rækkevidde til et publikum i vækst, både i fritidslivet og i privatøkonomien. Sportens iboende princip hentet i De olympiske leges motto *Citius, Altius, Fortius* ('hurtigere, højere, stærkere') har udmøntet sig i et konstant højere præstationsniveau og stillet større og større krav til træningsindsats og finansiering. Dette pres har skærpet kravene til sporten om at sikre og forøge sit indtægtsgrundlag, og herhjemme har det betydet en gentagen lempelse og liberalisering af amatørreglerne og princippet om at holde økonomiske interesser ude af sporten (Kulturministeriet 1983: 60). Sportens mange organisationer var derfor meget interesserede i at udnytte tv som en ny indtægtsmulighed. Selvom man i både dansk og nordisk sammenhæng var blandt de sidste i Europa til at indføre egentlige professionelle tilstande i sporten, lod man sig tidligt inspirere af de økonomiske muligheder, som lå i samarbejde med kommercielle partnere. Som nævnt tillod Danmarks Idræts-Forbund i 1969 specialforbundene at bruge dragtreklamer efter at have haft tiltagende problemer med fænomenet siden starten af 1960'erne (Kulturministeriet 1983: 60). I engelsk fodbold kom man i samme periode til samme konklusion, da man i slutningen af 1960'erne og begyndelsen af 1970'erne mere offensivt forsøgte at udnytte de nye indtægtsmuligheder, som tv gav. Her blev der bl.a. åbnet for at give sponsorer mere eksponering på både arenaer og på trænings- og spillerudstyr (Helland 2003: 75).

De nordiske tv-stationer var ikke begejstrede for kommercialiseringen af sporten. Dette kom bl.a. til udtryk i deres samarbejde i programudvekslingssamarbejdet 'Nordvisionen', der blev grundlagt i 1959. Man så kommercialiseringen som en trussel mod sportens eget idegrundlag, men man var også klar over, at kommercielle aktører allerede *var* en del af sporten (Hodne 2001). Det spillede også en rolle, at de nordiske tv-stationer ikke måtte bringe reklamer og var usikre på, hvad de skulle stille op over for reklamerne på stadioner. Endelig gjorde reklamerne det til tider vanskeligt for tv-stationerne at producere æstetisk tilfredsstillende billeder. EBU udviklede i 1968 regler for reklame i forbindelse med tv-transmitterede sportsbegivenheder, og her blev det præciseret, at en transmission skulle standses, hvis der på stadion viste sig at være reklamer, som ikke henvendte sig til det tilstedeværende publikum, og som således syntes at være udtænkt med henblik på tv-transmission (*DR Årbog 1968-69*:121). Man forsøgte således at rette skytset mod den kommercialisering, man kunne se, tv selv medvirkede til.

De nordiske public service-stationers problemer med at håndtere sportens kommercialisering kom konkret til udtryk, da de via Nordvisions- og EBU- netværkene i 1969 i et fælles samarbejde begyndte at sende transmissioner fra engelsk klubfodbold – det, der i dag i Danmark kendes som *Tipsfodbold*. For at beskytte deres entreindtægter ønskede engelsk klubfodbold ikke transmissioner på engelsk grund, og de så en mulighed for her at skaffe indtægter ved at sælge rettigheder til transmissioner af deres kampe i udlandet – og derved få både rettighedsindtægter og særlige sponsor- og reklameindtægter. For tv bestod samarbejdet i, at monopolinstitutionerne i Danmark, Norge og Sverige købte rettigheder til at transmittere kampe fra den engelske fodboldliga, og at man delte den største udgift, transport af signalet fra England til Skandinavien, via EBU-netværket. Man sendte således den samme kamp i Danmark, Norge og Sverige hver lørdag eftermiddag i vinterhalvåret. Tipsfodbold blev hurtigt populært blandt de skandinaviske seere, og det blev derfor også interessant for kommercielle aktører, der gradvist fik reklameplads for nordiske produkter rettet mod et nordisk publikum på de engelske stadioner. For at dæmme op for denne udvikling fik Nordvision personale til at holde øje med arenaerne i England, man forsøgte at hemmeligholde, hvilke kampe man ville sende fra, og man gav mulighed for at ændre sendekamp i sidste øjeblik, hvis der rapporteredes om iøjnefaldende mængder af reklame på det aktuelle stadion (Hodne 2001, Helland 2003).

Modstanden fra tv mod reklame og kommercialiseringen af sporten kom meget klart til udtryk i Nordvisions og EBU's fælles bestræbelser i 1970'erne (Hodne 2001: 45-46). Det nordiske samarbejde havde dog svært ved at komme igennem med sine synspunkter i international sammenhæng, og efterhånden begyndte man også at se forskelligt på problemstillingen. Ikke mindst når det angik den konkrete praksis i samarbejdet med de nationale forbund, agerede man forskelligt (Hodne 2001: 66-67). Forsøgene på at dæmme op for de kommercielle budskaber har nok også haft utilsigtede virkninger, som f.eks. når Danmarks Badminton Forbund i en redegørelse til Kulturministeriet skriver, at sponsorkontrakter "indgås på årsbasis, bl.a. fordi Danmarks Radio ikke tolererer lejlighedsreklame" (Kulturministeriet 1983: 76). Det er et spørgsmål, om ikke tv's regler her lidt paradoksalt har ført sportsforbundet over i en sponsoraftale, som i alt fald på papiret repræsenterer en mere gennemgribende form for kommercialisering.

Selvom Statsradiofonien (fra 1959 Danmarks Radio) frem til monopolbruddet i 1988 på mange måder var den stærke part og kunne diktere rammerne for samarbejdet både i form af erstatningsbeløb og reklameregler, så accepterede man især i løbet af 1980'erne sportsorganisationernes interesse i at udnytte de indirekte indtægtsmuligheder, som tv-dækning gav sporten. Det gav sig f.eks. udslag i samarbejder omkring programmet *Sportslørdag*, som

fra midten af 1980'erne ofte valgte at sende transmissioner fra for-
skellige danske sportsbegivenheder. Dette valg havde klare fordele
for begge parter, idet tv fik gratis adgang og en vis indflydelse på
rammerne for begivenhederne - og så valgte man til gengæld at se
gennem fingre med, at arrangørerne udnyttede mulighederne for
ekstra indtjening ved bandereklamer (Interview med Claus Borre
1994).

Kimen til den slags nye samarbejder blev dog lagt allerede fra slut-
ningen af 1970'erne, hvor både dansk sport og dansk tv begyndte
at undergå væsentlige forandringer.

For sportens vedkommende var et sportsligt og et politisk øn-
ske om, at dansk elitesport skulle kunne gøre sig gældende på den
internationale sportsscene drivkraften bag flere væsentlige tiltag,
som betød, at tv fik en ny, ekspliciteret, form for strategisk betyd-
ning for elitesporten (Olsen & Grønkjær 2009, Kulturministeriet
1983). Tv blev nu en vigtig komponent i elitesportens finansiering,
hvorfor sportsorganisationerne udviklede et strategisk, juridisk og
økonomisk blik på tv.

I mange år omgik man amatørreglerne, tilpassede dem og
overlod spørgsmålet til specialforbundene og deres internationale
forbund. Først i 1978 besluttede DIF at tillade, at specialforbund
under DIF kunne have professionelle afdelinger (Kulturministeriet
1983: 60-61). Dette faldt sammen med, at Danmarks Boldspil-
Union besluttede at indføre professionel fodbold. Resultatet blev,
at behovet for finansiering blev forstærket, og hermed kom der
fokus på en mere systematisk udnyttelse af de muligheder, som lå
i at skabe indtægter via samarbejder med kommercielle aktører.
DBU indgik således i samme år sin første store sponsorkontrakt
på 1 mio. kr. med Carlsberg. Halvdelen af disse midler var møntet
på at løfte niveauet på landsholdsaktiviteterne, som netop fik tv-
eksponering i form af direkte og forskudte transmissioner (Kul-
turministeriet 1983: 77).

I løbet af 1970'erne skete der i det hele taget en voldsom ak-
tivitetsudvikling i dansk idræt som følge af både offentlig aktivi-

tetsstøtte og intensiv udbygning af idrætsfaciliteterne i Danmark (Andersen 1988, Korsgaard 1982). I kølvandet på dette kom der også politisk fokus på eliteidrættens betingelser og det offentliges ansvar i forhold til at sikre en udvikling af eliteidrætten. Resultatet blev, at elite- og breddeidræt i løbet af 1980'erne blev skilt ad og underlagt forskellige lovgivninger (Klausen 1990). I arbejdet med en ny lov om eliteidrætten, var det politiske udgangspunkt, at finansieringen af elitearbejdet ikke udelukkende skulle være en offentlig opgave eller en opgave for forbundene (Korsgaard 1982: 335, Bøje & Eichberg 1994). Derfor blev de særlige muligheder, som tv repræsenterede, inddraget. Eliteidrætsloven fra 1984 gav det lovgivningsmæssige grundlag for organisationen Team Danmark, som fremover skulle varetage arbejdet med den absolutte sportselite i Danmark. En del af Team Danmarks opgaver blev at opbygge en ekspertise og vejlede forbund og udøvere i sportsmarketing – altså at udvikle formen og økonomien i sportens samarbejde med kommercielle samarbejdspartnere. Helt centralt i denne sammenhæng er, at organisationen også skulle varetage danske sportsforbunds samarbejde med tv og indgå samarbejdsaftaler på deres vegne. Indtægterne fra salg af tv-rettigheder var tænkt som en væsentlig del af organisationens egenfinansiering og finansiering af arbejdet med eliten (Kulturministeriet 2001, Bøje & Eichberg 1994) og endelig skulle man forsøge at sikre at "begivenheder af almen eliteidrætslig interesse ikke blev forbeholdt et særligt marked, lukkede kredsløb og lignende (...) men skulle være tilgængelige for befolkningen som helhed (...) (Kulturministeriet 2001: 9).

Det landskab, tv befandt sig i, var også under forandring. I 1982 påbegyndte den danske regering et politisk udredningsarbejde, som skulle lægge grunden for etablering af en supplerende tv-kanal. Man havde i mange år diskuteret indførelse af endnu en dansk tv-kanal, men haft vanskeligt ved at nå til politisk enighed om en model. I starten af 1980'erne gjorde den tv-teknologiske udvikling det klart, at man måtte finde en løsning, da danskerne i stigende omfang var begyndt at se tv fra nabolandene, og man havde udsigt til konkurrence fra transnationale satellit-tv-stationer. I 1986 blev det endelig besluttet at afskaffe Danmarks Radios monopol på landsdækkende tv med virkning fra 1. oktober 1988, hvor TV 2 skulle gå i luften (Bruun, Frandsen & Søndergaard 2000). Det er på denne baggrund, at Danmarks Radios accept af kommercielle budskaber i sporten skal forstås. Sportsredaktionen i Danmarks Radio oplevede, at man nu måtte legitimere, at man i vinterhalvåret lagde beslag på hele lørdag eftermiddag (Interview med Claus Borre). De begyndte derfor at tænke mere underholdningsorienteret i dele af deres sportsdækning, og de havde brug for sportsorganisationernes positive deltagelse heri, ligesom de foretog undersøgelser af seernes interesser og ønsker (Marosi 1983, Møller 1986). Den tidligere måske lidt selvtilstrækkelige attitude var under nedbrydning, og i løbet af 1980'erne skulle man ikke kigge langt over landegrænserne for at se, hvordan sport fandt nye samarbejdspartnere, og kampen mod kommercialiseringen syntes tabt.

Fodboldens særlige status

Danmarks Radio indgik deres første kontrakt med DBU i 1956, hvor de så sent som dagen før en landskamp fik en skriftlig aftale med forbundet om, at de måtte transmittere 2. halvleg direkte mod betaling af 2.000 kr. (*Mindeudsendelse om Gunnar 'Nu' Hansen,* Idorn 1993: 102). Med 47.000 solgte billetter turde DBU godt indlade sig på det eksperiment. Derefter blev samarbejdet noget vanskeligere, fordi man, som allerede nævnt, havde svært ved at blive enige om tv's skadelige virkninger på fodboldens tilskuerindtægter, og dermed hvor mange penge Danmarks Radio skulle betale til DBU. Aftalerne blev i de første år derfor lavet fra kamp til kamp, men i 1962 indgik de to en mere omfattende aftale, hvor man enedes om, at dansk tv måtte dække en række landskampe, herunder også fire på hjemmebane. Tilskuertallene til disse kampe blev meget lave, og efterfølgende konkluderede DBU's generalsekretær Erik Hyldstrup:

Jeg tror efterhånden – men må indrømme, at netop 1962 har gjort mig klogere – at fremtiden alene ligger i udsendelse af kampene, hvor det danske landshold optræder på udebane. Da optræder tv's betydning – at være på pletten, hvor den danske tilskuer ikke har praktiske muligheder for selv at være der. Om udsendelser af andre danske landskampe i fremtiden – i al fald den nærmeste har jeg ikke begrundet håb. (Erik Hyldstrup, citeret i Idorn 1993: 108)

Fodboldledelsens evaluering fokuserede således snævert på tv som årsag til publikums udebliven, uden at skele til andre relevante faktorer som f.eks. sportsligt uinteressante modstandere, vejrforhold og andre arrangementer (Idorn 1993: 108). Ikke desto mindre kom denne erfaring til at lægge grunden for DBU's holdning til tv i mange år frem. Allerede fra 1964 begyndte man dog igen at lave flerårige kontrakter, men hvad angik tv's dækning af fodboldlandsholdets hjemmekampe, var der kun tale om forskudt dækning.

Fodboldens organisationer blev både på grund af sportens popularitet, den stærke internationale organisering og etablering af UEFA meget tidligt en særlig samarbejdspartner for tv. Man var via de internationale organisationer forpligtet på at etablere klarhed i aftalerne – netop fordi tv kunne gå på tværs af landegrænser – og man forsøgte selv at sætte præmisserne for samarbejdet.

De nordiske tv-stationer stiftede også hurtigt bekendtskab med fodboldens forhandlingsmæssige styrke i samarbejdet omkring Tipsfodbold. De engelske klubber, som i disse år oplevede faldende tilskuertal, fik øjnene op for, at skandinavisk tv faktisk repræsenterede en ny indtægtsmulighed, og begyndte allerede efter få år at hæve prisen for rettighederne. Transmissionerne fra engelsk klubfodbold var som sagt populære, og de fyldte samtidig på relativ billig vis et hul i tv's programflade lørdag eftermiddag. Derfor valgte tv-stationerne at acceptere en vis prisstigning – selvom man var bekymret (Hodne 2001).

På lang sigt fik transmissionerne fra engelsk fodbold mere omfattende betydning. De kom nemlig til at lægge grunden for dansk klubfodbolds indtog i tv, da de viste, at regelmæssig dækning af fodboldens klubkampe kunne være attraktivt tv i de rette programmæssige rammer (Helland 2003: 75). Netop den regelmæssighed og sæsonstruktur, som fodbolden har bygget sine aktiviteter op omkring, skulle efter konkurrence-tv's indførelse vise sig at blive en vigtig strukturel parameter.

I 1978, samme år som DBU besluttede at indføre professionelle spillere, valgte de at gå i retten med en konflikt, som de havde fået med Danmarks Radio. Sagen er interessant, fordi den er endnu en illustration af fodboldens særlige styrke i forhold til tv, og fordi det her var første gang, at forholdet mellem sport og monopolinstitution udmøntede sig i en egentlig konflikt. Selvom idrætsorganisationerne indtil monopolbruddet havde et svagt udgangspunkt for at forhandle med tv om betaling for dækning – der var jo ikke andre købere.

Samarbejdsaftalen mellem DBU og Danmarks Radio angik på det tidspunkt overvejende nyheds- og reportagedækning af klubfodbolden og en mere begrænset transmissionsdækning af landsholdet. I realiteten havde Danmarks Radio kun lidt plads til transmissioner i deres eneste tv-sendeflade, og det var kun landskampe, man kunne få lov til at transmissionsdække.

Den konkrete uenighed drejede sig om et radioprogram, men afslørede et kolliderende syn på sport som mediestof. En principiel konflikt mellem en opfattelse af sport som fælles kultur eller privatøkonomisk forretning viste her sit ansigt for første gang i en dansk sammenhæng. En konflikt, som siden er blevet gennemspillet adskillige gange – både nationalt og internationalt fra midten af 1990'erne. I aftalen mellem Danmarks Radio og DBU for 1978 og 1979 var det blevet aftalt, at radioprogrammet *Halvleg* (senere *Sport og Musik*) måtte sende reportager fra to kampe fra hver spillerunde i 1.division, og at man ikke måtte sende mere end fem minutter fra hver kamp (se *Ugeskrift for Retsvæsen* 1982 og 2004 samt Jakobsen 2009). I programmet valgte DR løbende at informere lytterne om stillinger og resultater fra de øvrige kampe i 1. division, idet man ikke betragtede løbende resultatformidling som et brud på overenskomsten. DBU accepterede imidlertid ikke *Halvlegs* løbende resultatformidling og argumenterede for, at kampene var private arrangementer, og at formidlingen resulterede i faldende entreindtægter. Danmarks Radio fandt dette dårligt dokumenteret og påpegede, at man i *Lov om radio- og fjernsynsvirksomhed* var blevet pålagt at lægge afgørende vægt på hensynet til informations- og ytringsfriheden i programlægningen. Man argumenterede for, at sport, og især fodbold, skulle betragtes som et samfundsmæssigt væsentligt område, der havde offentlighedens interesse, og som publikum derfor burde sikres adgang til.

Sagen blev ført helt til Højesteret, hvor DBU i 1982 vandt sagen. Retten lagde vægt på, at DBU som arrangør af kampene havde ret til at modsætte sig denne form for formidling. Det var dog ikke, fordi sportsbegivenheden i sig selv var en ophavsretlig beskyttet rettighed, men derimod fordi diverse optagelser af den ville være det. Højesteret gjorde det dermed definitivt, at det er *arrangørerne* af sportsbegivenheder, som kan fastsætte vilkår og præmisser for audiovisuel formidling herfra, fordi det kan have en betydning for deres økonomi (Jakobsen 2009:4).

Retten til at modsætte sig formidling var særdeles vigtig for DBU. Netop fordi audiovisuel formidling som radio og tv (og i dag også mobile enheder) har en særlig evne til at formidle sporten og dens iboende spænding, udgør disse medier en potentiel trussel imod sportens mulighed for at bygge en forretning op på noget af det mest centrale i produktet. Afgørelsen præciserede således et ejerskab til audiovisuel, direkte eksponering af en sportskamp, og den var en klar markering af, at der er noget særligt på spil, når det drejer sig om radio- og tv-formidling. I 1984 valgte Norges Idrettsforbund at køre en lignende sag angående rettighederne til norsk klubfodbold, og den faldt ud med samme resultat, og etablerede også her det rettighedsmæssige grundlag for en ny forretningsmodel i fodbolden (Helland 2003).

Forholdet mellem dansk fodbold og tv blev dog blødt noget op i løbet af 1980'erne. Det danske herrelandshold fik ved EM 1984 et internationalt gennembrud, og det betød en stærkt voksende interesse i befolkningen for at følge det danske fodboldlandsholds kampe. Allerede ved EM-kvalifikationskampen mod England i september 1983 så DR med en ny seerrekord på 3.548.000, hvor stor interessen reelt var (*DRs Årbog 1984*: 161). Danmarks Radio kunne således sende den første fulde direkte transmission af en herrefodboldlandskamp på hjemmebane, da man d. 5. juni 1985 transmitterede en afgørende VM-kvalifikationskamp mellem Danmark og Sovjetunionen. Indtil da havde dansk tv kun fået lov at sende direkte transmissioner i sin helhed fra udebanekampe og forskudte, sammenklippede eller delvise transmissioner, fra kampe på hjemmebanen i Københavns Idrætspark. Ligesom det havde været tilfældet ved det første forsøg med direkte tv-transmission fra idrætsparken i 1956, havde DBU ved kampen d. 5. juni 1985 sikret sig, at der var totalt udsolgt til kampen, før aftalen med tv blev indgået. Og Danmarks Radio betalte 400.000 kr. oven i de 1,8 mio. kr. som knyttede sig til den aftale, de to parter ellers havde på dette tidspunkt.

Landsholdsfodboldens succes fik også betydning for forholdet mellem tv og dansk herreklubfodbold. Danmarks Radio var som sagt ved at blive mere publikumsorienteret, og bl.a. havde man gennemført en meget stor undersøgelse af seningen af dækningen af VM i fodbold 1982. Man var klar over, at interessen for de engelske ligakampe var dalende, og man havde i 1983 eksperimenteret med transmission fra den tyske bundesliga (Møller 1986). Men i foråret 1985 ændrede man på programmet *Sportslørdag*, således at det nogle gange blev bygget op omkring en række direkte transmissioner fra danske klubkampe i løbet af både forår og efterår. 1. divisionskampen Vejle-Lyngby i foråret 1985 udgjorde således dansk klubfodbolds premiere som transmissionsstof på dansk tv. Vejen var hermed banet for dansk fodbolds indtog i de danske stuer – et indtog, som dog først blev fuldt realiseret et par år efter konkurrence-tv's indførelse.

TV-KONKURRENCE
Markedskræfter, partnerskaber
og polarisering

Da TV 2 gik i luften i oktober 1988, blev startskuddet givet til frigørelse af helt nye dynamikker på tv-sportens område. Nu var det ikke bare sporten og dens voksende antal af kommercielle samarbejdspartnere, som havde brug for tv. Tv som sådan fik brug for sporten af beslægtede årsager. Helt konkret fordi man politisk besluttede, at den nye tv-kanal skulle finansieres ved hjælp af reklameindtægter, og at TV 2 gjorde det med så stor succes, at kanalen i løbet af få år kom til at dominere det danske tv-marked. Her var kanalens sportsdækning en væsentlig faktor. Samtidig fulgte efter TV 2 flere mindre tv-kanaler, hvoraf den overvejende del skulle fungere på markedsmæssige vilkår. Det betød, at langt størstedelen af de tv-kanaler, som gjorde deres entre på det danske tv-marked i løbet af de næste to årtier, enten skulle finansiere programvirksomheden gennem reklamesalg eller ved at få seerne til at købe abonnement til kanalen. At imødekomme seerne og deres behov og ønsker blev hermed et afgørende orienteringspunkt for tv's programproduktion.

Forandringen af tv's vilkår for tv-sportens vedkommende betød altså, at kommercialiseringsdynamikkerne blev forstørret. Nu var det en proces, hvor ikke blot sporten var interesseret i at skabe indtægter via tv, men hvor også tv gerne skulle skaffe indtægter via sporten. Sportsstoffet fik dermed en helt ny funktion, hvor annoncører ville kommunikere et kommercielt budskab til et relevant publikum. Den kommercielle tankegang begyndte nu for alvor at gennemsyre også det danske tv-marked, og vi ser nu et interessefællesskab, hvor det at tjene penge er væsentligere end at tjene ideologien. Den kommercielle orientering betyder dog ikke, at sportens kulturelle dimension i årene efter 1988 udspillede sin rolle. Tværtimod. For mange af sportens samarbejdspartnere og sponsorer var (og er) det vigtigt, at sporten har bestemte værdier, og at publikums relation til sporten er 'social i sin natur' (Hjelseth 2006). Sponsorerne ønsker at købe eksponering – og den får man mest af gennem tv. Men det er selvsagt ikke blot eksponering af et produkt eller et budskab, men også eksponering i et kulturelt miljø med et værdisæt, som på et mere generelt plan kan have en positiv, afsmittende effekt på sponsorens image. Det betød, at dele af sporten nu blev anderledes villig til at imødekomme tv's behov. Som vi skal se senere, betød det så også, at nogle af de særlige logikker, som kom til at præge det danske tv-marked, slog tilbage på både sport og tv.

Tv's nye behov

Da politikerne besluttede at etablere TV 2, var det selvfølgelig ikke med det særlige formål at styrke sportsformidlingen. Et af formålene var at skabe konkurrence på nyheds- og aktualitetsstoffet, og stationen skulle derfor kun selv producere den slags stof. Alle andre programtyper skulle man købe hos uafhængige produktionsselskaber (Bruun, Frandsen & Søndergaard 2000). Ledelsen på TV 2 valgte dog at fortolke sagen således, at nyheds- og aktualitetsstof også inkluderede sportsstof. Den gruppe, man fik ansat, viste sig at være så initiativrig og dynamisk, at ledelsen hurtigt så en mulighed i at lade sportsstoffet udgøre et af stationens satsningsområder (Interview med Morten Stig Christensen 1994, Interview med Ole Larsen 1994, Frandsen 2000). Her havde man både en gruppe medarbejdere, som var meget opsatte på at gøre op med Danmarks Radios måde at dække sporten på, og det blev hurtigt klart, at man her virkelig havde potentiale.

Det lå således ikke i kortene fra starten, at sport var tiltænkt en vigtig strategisk rolle i kampen om seerne – men de branchemæs-

---

sige omstændigheder viste, at sport besad en særlig kvalitet, man var nødt til at udnytte, hvis man skulle få stationens økonomi til at hænge sammen. TV 2 skulle nemlig hente 75 % af sin finansiering via reklameindtægter, og disse kunne kun hentes hjem, hvis man kunne tiltrække et bredt publikum og få udviklet en programflade, så man blev en fuldskalakanal, der havde programmer i samme omfang og med samme genremæssige spændvidde som konkurrenterne. Det var således den nye kanals centrale behov for at sikre sig stof og seere, som var baggrunden for, at forholdet mellem tv og dansk sport generelt ændrede karakter efter tv-konkurrencens indførelse. TV 2 var ikke medlem af EBU-netværket fra starten og kunne derfor ikke fylde sin programflade ud med transmissioner herfra. Team Danmark fik således mulighed for at lave sin første mere omfattende tv-aftale og for en periode skaffe dansk sport mere dækning. På vegne af forbundene for dansk ishockey, badminton, boksning, isdans og speedway indgik Team Danmark en 3-årig aftale med TV 2 om dækning (Andersen et al. 1999). Netop dette indhold gav kanalens sportsdækning en populær underholdnings- og showorienteret profil, som var med til at sikre TV 2 et tidligt seermæssigt gennembrud og lægge grunden for en status som danskernes foretrukne sportskanal i en lang årrække (Interview med Morten Stig Christensen 1994). Også DBU vejrede morgenluft, og allerede i 1989 formåede organisationen at få langt flere penge ud af en relativt lille aftale med TV 2 om retten til at vise højdepunkter fra dansk klubfodbold, end man tidligere havde kunnet få fra Danmarks Radio:

> Vi lavede den første aftale med TV 2 i starten af 1989. Det var sådan en med, at de kunne bringe highlights fra klubkampe. Men i forhold til det, vi havde fået fra DR, var det jo en helt anden sum penge. (Interview med Jim Stjerne Hansen 2007)

Aftaler og partnerskaber

Tidligere havde det som omtalt overvejende været DBU og Danmarks Radio, der havde skriftlige overenskomster for et- og toårige perioder. For mange andre specialforbund var forholdet til tv baseret på ad hoc-aftaler. Med tv-konkurrencen fik sporten, nu med Team Danmark som central samlende aktør, et andet udgangspunkt for at lave aftaler med tv, og forholdet mellem tv og sporten blev i mere omfattende grad til et juridisk baseret aftaleforhold, hvor de gensidige forpligtelser og rettigheder blev aftalt for længere perioder. Baggrunden var, at begge parter nu havde en mere klar strategisk interesse i samarbejde, og det er længden af de nye aftaler et første signal om. Begge skulle tænke markedsorienteret i forhold til henholdsvis et mediemarked, et annoncemarked og et sponsormarked, og i den sammenhæng var aftaler af en vis længde ønskeligt for begge parter, da det gav stabile forudsætninger for at lægge en strategi, bygge en forretningsmodel op og skaffe sig samarbejdspartnere. Konstruktionen omkring Team Danmark som samlende aktør var internationalt set unik, og med den var sporten anderledes stærkt gearet til den nye situation (Bøje & Eichberg 1994: 77). Forventningen var, at sporten set under ét ville kunne få en højere pris for sine rettigheder. Set ud fra en markedsbetragtning var konstruktionen udtryk for et forsøg på karteldannelse, som dog ikke lykkedes til fulde, bl.a. fordi DBU ikke ville afgive sine rettigheder til Team Danmark og valgte selv at forhandle med tv. Forestillingerne om intern solidaritet i idrætten kunne i praksis ikke opretholdes. Det blev understreget flere gange i de efterfølgende år, idet de (relativt få) andre specialforbund (håndbold, badminton, ishockey), som har vist sig mest interessante for tv, alle gradvist har trukket sig ud af Team Danmark fællesaftaler for at få en større økonomisk gevinst ud af samarbejdet med tv (Interview med Morten Mølholm 2007).[2]

---

2. Forbundene har dog stadig samarbejdsaftaler med Team Danmark, og f.eks. bidrager DBU med en mindre andel af sine tv-indtægter ganske væsentligt til Team Danmarks økonomi.

TV 2's villighed til at betale for at få et indhold, som Danmarks
Radio tidligere ikke havde villet betale for, udgjorde et andet cen-
tralt signal om nogle af de nye præmisser, som også Danmarks
Radio på sigt måtte indordne sig under. For de ledende lag af fod-
boldens organisationer var TV 2's medgørlighed en øjenåbner:

Da begyndte man jo herhjemme at se mulighederne for at
kapitalisere på de der rettigheder. (...) Det var de der ting,
der sammenlagt gjorde, at vi var nogle, der så nogle mu-
ligheder for at man kunne tjene penge på det her i langt
højere grad. (Interview med Jim Stjerne Hansen 2007)

Helt generelt kan man sige, at fire overordnede branchelogikker
satte sig igennem efter indførelse af tv-konkurrencen. Tv-statio-
nerne måtte 1) holde seertallene oppe, 2) få mest muligt fjernsyn
ud af hver krone, 3) opretholde legitimiteten og troværdigheden
i forhold til publikum og de politiske beslutningstagere og 4) po-
sitionere sig bedst muligt i forhold til de medieøkonomiske og
medieteknologiske udfordringer på tv-markedet (Syvertsen 1997:
15). Disse mediemæssige logikker slog i det følgende årti med stor
tydelighed igennem på tv-sportens område, fordi sport ikke blot
var nyttig for TV 2, men generelt havde særlig strategisk betydning
for nye kanaler på det danske tv-marked (Konkurrencestyrelsen
1999, 2006).

Forholdet mellem tv og sport mistede imidlertid efterhånden
sin autonomi, fordi politikere og myndigheder fra starten af det nye
årtusinde forsøgte at dæmme op for nogle af de uhensigtsmæssige
virkninger, som frisættelsen af markedskræfterne havde haft.

Karakteren af de nye mekanismer og samarbejdsrelationer be-
gyndte for alvor at folde sig ud, da TV 2 sidst i 1990 indgik en aftale
med de danske divisionsfodboldklubbers organisation, Divisions-
foreningen, om dækning af dansk klubfodbolds nye relancerede
liga, superligaen. Aftalen udgør et historisk skift i forholdet mellem
fodbold og tv.

Indførelsen af en superliga var dansk fodbolds relancering af dansk professionel klubfodbold. Motivet var at løfte niveauet i dansk klubfodbold, opnå bedre internationale resultater, gøre toppen af dansk klubfodbold til et kommercielt mere attraktivt produkt og i det hele taget sikre en bedre økonomi til dansk professionel fodbold. Ligesom i engelsk fodbold havde man også i dansk fodbold oplevet svigtende tilskueropslutning, og dermed svigtende indtægter. For at vende udviklingen ønskede man at skabe større medie- og publikumsinteresse (Ankerdal 1993, Olsen & Grønkjær 2009b), og det indebar en satsning på at få tv-dækning.

TV 2's ledelse var meget opsat på at få en aftale med dansk fodbold, da det ville give kanalen noget sportsstof, som var attraktivt, og som man kunne bygge et selvstændigt 'brand' op omkring. Det lykkedes i en aftale, der sprængte alle tidligere danske rammer for samarbejdsaftaler mellem tv og sport og derfor vakte voldsom debat både internt på TV 2, hvor man var bekymret for de budgetmæssige og redaktionelle konsekvenser, i offentligheden, hvor man f.eks. betvivlede prisens rimelighed og forhandlernes redelighed (Andreasen 1991), og blandt politikere, der fandt det problematisk, at eliteklubber i dansk fodbold brød forestillingerne om intern solidaritet og dermed ånden i eliteidrætsloven fra 1984 (Brüchmann 1991). Først og fremmest satte man her helt nye standarder for samarbejdet, fordi man indgik en femårig aftale, hvor TV 2 erhvervede sig eksklusive reportage- og nyhedsrettigheder til superligaen. Samtidig blev aftalen indgået til en dengang svimlende pris på 75 mio. kr. Ved at indgå en kontraktlig relation, der udelukker andre, til så mange penge over så lang en årrække, foretog TV 2 en fremadrettet investering i et stabilt, men dog også usikkert indhold. Man kunne jo hverken være sikker på udfald eller kvalitet af kampene i ligaen. Men den usikkerhed blev modsvaret af en helt ny mulighed for at bygge et produkt op om turneringen som helhed, brande sig på det.

Da TV 2 og Divisionsforeningen indgik den første superligaaftale, startede de samtidig en ny form for strategisk partnerskab mellem sport og tv (Fortunato 2001), hvor det fælles orienteringspunkt blev at udvikle den danske superliga til et underholdningsprodukt, der både kunne trække tilskuere på stadion, seere til skærmen og give begge parters kommercielle samarbejdspartnere optimal eksponering for et relevant publikum.

Vi har senere set rigtig mange af denne type partnerskaber, og de er karakteriseret ved at være baseret på en vilje til fælles forståelse, iagttagelse af gensidighed og en gennemgående fælles forretningsorientering. Dette afspejles allerede i den kontroversielle aftale, hvor TV 2 som public service-station forpligtede sig til aktivt at medvirke til både superligaens og dens fremtidige kommercielle samarbejdspartneres 'branding'. TV 2 skulle benytte den overordnede ligasponsors navn (SAS Ligaen, Faxe Kondi Ligaen etc.) i deres omtale af ligaen.[3] Ud fra en public service- og en journalistisk betragtning bevægede tv sig her ud i en gråzone, hvor man indvilligede i at støtte bestemte økonomiske interesser. Og fodbolden brugte tv-aftalen som løftestang til at skaffe en ligasponsor.[4] Aftalen indebar også, at TV 2 i ligaens spillesæsoner skulle lave et ugentligt magasinprogram om dansk klubfodbold – altså om superligaen. Dvs. at tv faktisk forpligtede sig redaktionelt i ganske væsentligt omfang og gav køb på den uafhængighed, som ellers havde været en kernekomponent i public service-tv's tilrettelæggelse af sportsdækningen. Omvendt var der med de mange penge, der var investeret, behov for at få så mange sendetimer og gerne også så mange seere som muligt ud af det. For fodbolden har netop den del af aftalen været af økonomisk betydning, for man fik nu et helt andet solidt udgangspunkt for at lave samarbejdsaftaler

---

3. Oplysningerne om komponenterne i aftalen stammer fra kontrakten: *Samarbejdsaftale mellem TV 2 og Foreningen af Divisionsklubber i Danmark* 11/12/1990.

4. Den tætte kobling mellem sport og kommercielle interesser, som ligger i denne form for navngivning, har adskillige gange givet anledning til kontroverser. I norsk fodbold brugte det norske fodboldforbund i starten af 1990'erne en tv-aftale som løftestang til at presse brugen af det officielle sponsorerede liga-navn igennem i den øvrige norske sportspresse, som ellers havde nægtet at benytte det (Helland 2003: 80-81).

med sponsorer på både liga- og klubniveau. For første gang kunne man nemlig stille dem ugentlig eksponering på landsdækkende tv i udsigt, hvilket aldrig tidligere havde været muligt. Til gengæld var fodbolden indstillet på at tilrettelægge ligaens kampe, så tv-partneren fik gode vilkår for at lave så aktuel og publikumsvenlig en dækning som muligt. En forudsætning for aftalen var, at hver spillerunde i turneringen blev tilrettelagt, så alle kampe blev afviklet søndag eftermiddag. Herved kunne tv i et magasinprogram tidligt søndag aften levere en samlet og helt dugfrisk dækning af hver spillerunde. Programmet måtte dog tidligst tage sin begyndelse 60 minutter efter kampenes afslutning, så den del af publikum, som havde været på stadion, også kunne nyde godt af tv's oplevelsesprodukt, nemlig spillerunden som helhed.

Ånden i aftalen var på den måde præget af en helt ny form for strategisk forståelse af, at man i fællesskab skulle skabe et oplevelsesprodukt, som skulle eksponeres, så begge parter fik mest muligt ud af samarbejdet.

Også den øvrige del af den danske idræt fik efter tv-konkurrencens indførelse rettighedsaftaler med tv. I 1991 indgik TV 2 og Danmarks Radio via Team Danmark den første af en række brede rammeaftaler med samtlige specialforbund under DIF, med undtagelse af DBU. Også denne rammeaftale var femårig og angik ret til at lave nyhedsreportager fra sportsbegivenheder i Danmark, hvor forbundene stod som arrangører. Aftalen var dog på ingen måde så omfattende som fodboldens, hvilket det langt mere beskedne beløb på 8,5 mio. kr. til deling blandt forbundene over fem år vidner om. Ligeledes rummede den absolut ikke nogen forpligtelser for tv, men var derimod præget af en mere ensidig hensyntagen til tv's behov i form af f.eks. plads til teknik og produktionshold samt gulve, som kunne sikre æstetisk tilfredsstillende billeder. Den øvrige danske idræt stod ganske enkelt med et langt svagere udgangspunkt, når der skulle forhandles med tv. Ikke desto mindre var der på dette tidspunkt en udbredt tro blandt danske specialforbund på, at tv-indtægter kunne komme til at udgøre en væsentlig indtægtskilde.

Gensidigheden vokser – og polarisering tager til

I første halvdel af 1990'erne var konkurrencen på det danske tv-marked stort set begrænset til at udspille sig imellem DR og TV 2 – i alt fald når det angik kampen om sportsseerne. Øvrige mindre kanaler på markedet var TV3 og TvDanmark, men de havde en begrænset udbredelse og begyndte først fra midt i 1990'erne at satse systematisk på dækning af sport som led i en fornyet offensiv markedsstrategi. I første omgang viste de overvejende udenlandsk sport, og de var derfor ikke som udgangspunkt interesserede i egentlige samarbejder med dansk sport.

Tv-konkurrencen spidsede først til i anden halvdel af 1990'erne, hvor der dukkede flere kanaler op, som skulle kæmpe om de samme seere. Det betød, at de store landsdækkende tv-kanaler begyndte at nedprioritere nogle former for sportsindhold, og at samarbejdet ændrede karakter. Dels fordi tv-stationernes interesse blev snævret ind til relativt få sportsgrene, så det i realiteten stort set kun blev fodbold-, håndbold-, ishockey- og badmintonorganisationerne, som fik mulighed for at indgå særlige aftaler med tv. Dels fordi aftalerne nu kom til at gælde transmissionsdækning, og tv blev forpligtet på at sende et nærmere aftalt antal transmissioner. Og samtidig blev dækning af disse idrætsgrene også prioriteret i de daglige sportsnyheder, som TV 2 og DR var begyndt at producere i 1992 – og bl.a. havde brug for Team Danmarks fællesaftaler for at sikre dansk indhold (Hedal 2006, Interview med Morten Mølholm 2007 og Olav Skaaning Andersen 2007).

Når man fravalgte sportsbegivenheder, kunne det forklares med konkurrencens logikker. Ingen kanaler turde tage en chance ved at sende timelange transmissioner fra mindre eksklusive og enkeltstående sportsbegivenheder, som man ikke var sikre på kunne hente et vist antal seere hjem. Forskræp til egne begivenheder i nyhedsprogrammerne var et middel hertil. Høje og ikke mindst stabile seertal blev alfa og omega, og det var det, som fik konsekvenser for samarbejdet med danske sportsorganisationer. DR var bange for at miste politikernes og befolkningens opbakning, og de så konse-

kvent gode seertal som en af måderne til at sikre det. Et andet mid-
del var opstramning af økonomien og indførelse af topstyring af
programproduktion og programplanlægning – bl.a. for at undgå
uhensigtsmæssige dyk i seertallene og få råd til at producere pro-
grammer til den nye supplementskanal, DR2, som blev søsat i sen-
sommeren 1996 (Søndergaard 2003). Også TV 2 havde behov for
seere og for at tækkes politikerne, da de i anden halvdel af 1990'erne
kom i benhård konkurrence med TV3 og TvDanmark om reklame-
kroner, fordi de to kanaler var ved at få større udbredelse (Sønder-
gaard 2000) og derfor for alvor blive interessante for annoncørerne.
Ikke mindst konkurrencen med MTG's kommercielle kanaler TV3,
og TV3+ (fra 1996) var indædt, fordi disse kanaler dengang som nu
sender fra London og derved er underlagt andre og mere lempelige
reklameregler, der giver annoncørerne stor eksponering.

Ændringerne i tv-landskabet medførte altså, at sportens betyd-
ning for tv ændrede sig markant. På både DR og TV 2 begyndte
man langt mere konsekvent at vurdere sportsprogrammer på linje
med alle andre typer underholdningsprogrammer – uanset spor-
tens kulturelle betydning (Interview med Olav Skaaning Ander-
sen). I tv's planlægningshorisont var det ikke længere indlysende
at bruge penge på at lave en transmission fra en sportsbegivenhed,
hvis man kunne sende et andet program, der måske både kunne
trække flere seere og var billigere i anskaffelse, fordi det måske var
indkøbt fra udlandet. Det blev derfor ikke lettere for sporten at få
plads i sendefladen.

Siden 1991 har TV 2 været den publikumsmæssigt største tv-
station i Danmark. Årsagen til dens succes ligger bl.a. i samarbejdet
med dansk klubfodbold og i køb af rettigheder til international
fodbold. Men det var af afgørende betydning, at TV 2 var så heldig
at være den kanal, der dækkede slutrunden i EM i herrefodbold
i Sverige i 1992, hvor Danmark som bekendt vandt.[5] Man havde

5. TV 2 og DR havde i fællesskab indkøbt rettighederne til fodboldens
   EM- og VM-slutrunder samt fodboldlandsholdskampe på hjemmebane
   og fordelt dem således imellem sig, at TV 2 fik EM og DR fik VM.

oparbejdet en stærk profil som fodboldkanal. DR valgte som kon-
kurrencemæssigt modtræk hertil at lægge sig i slipstrømmen på
kvindehåndboldlandsholdets succes og mediemæssige gennem-
brud ved VM i Norge 1993. I de næste par år udnyttede de fælles-
aftalen med Team Danmark som ramme for særlige aftaler med
Dansk Håndbold Forbund og de danske håndboldklubber om
transmissioner fra først kvindernes og senere herrernes hjemlige
håndboldligakampe. DR brugte håndboldens succes som afsæt
for at udvikle en profil som 'håndboldens kanal', og man etable-
rede således grundlaget for, at dansk håndbold i det følgende årti
gennemgik en markant professionaliserings- og kommercialise-
ringsproces (Storm & Almlund 2006).[6] I midten af 1990'erne var
fodbold og håndbold således dansk tv's altdominerende sports-
satsningsområder (Hedal 2006).

Den gensidige afhængighed og vilje til tilpasning til hinandens
behov var i konstant vækst under disse omstændigheder og viste
sig i mange afskygninger. I de rettighedsaftaler, som blev indgået
for dansk klubfodbold og klubhåndbold fra midten af 1990'erne,
var følgende forhold typiske:

- Kampe og turneringer tilrettelægges mere konsekvent, så
  de passer til tv-samarbejdspartnerens programlægning.
- Tv køber nu ikke blot en fortrinsret til at dække en begi-
  venhed, men forpligter sig kontraktligt på at transmis-
  sionsdække et fast antal kampe.

---

6. I forhold til fodbold og håndbold indebar tv-stationernes indbyrdes
   konkurrence en regelmæssig og omfattende dækning af de to forbunds
   nationale ligaer, hvis turneringsstruktur med ugentlige kampe passede
   og stadig passer godt til konkurrence-tv's behov for at skabe genkende-
   lighed og forudsigelighed i udsendelsesplanerne. Samtidig gav det de
   to sportsgrene særligt gode betingelser for at tiltrække kommercielle
   samarbejdspartnere, hvilket igen øgede sportens behov for at fastholde
   tv's interesse.

- Tv's programsponsorater må ikke købes af kommercielle samarbejdspartnere, der er i direkte konkurrence med den transmitterede ligas hovedsponsorer.[7]
- Parterne i den pågældende aftale sikres en fortrinsret til forhandling om en ny aftale.
- Tv-rettigheder og senere også rettighederne til internettet sælges eksklusivt og samlet, så køberen får mulighed for at 'brande' sig på stoffet.

Disse typiske punkter vidner om en konstant tilspidset konkurrence, hvor der på et begrænset marked både skulle konkurreres om seere og kommercielle samarbejdspartnere – og alle forsøgte at gardere sig så godt som muligt i en dynamisk, men grundliggende usikker situation. Den kontraktlige fortrinsret til genforhandling er udtryk for, at rettigheder til dækning af dansk håndbold og fodbold havde fået en ny central strategisk betydning på det danske tv-marked, og at både eksisterende og nye aktører på markedet derfor var interesserede i rettighederne. Og salget af internetrettigheder sammen med tv-rettighederne vidner om, at hele mediemarkedet forventedes at forandre sig som følge af internettets gennembrud midt i 1990'erne. Men den teknologiske udvikling var stadig usikker – og parterne forsøgte at få det bedst mulige ud af en usikker situation. For sporten har det været betragtet som bedre at sælge disse rettigheder til en kendt partner – eller udvikle det som et led i samarbejdet – end ikke at sælge og evt. ikke være i stand til at udnytte rettighederne (Interview med Jørgen Madsen 2007). Og for tv-rettighedshaverne har det været centralt at få disse rettigheder eller få indflydelse på udnyttelsen af dem for at undgå en evt. udhuling af værdien af tv-rettighederne og samtidig sikre en

---

7. Dette var også et element i den første superliga-aftale fra 1990 og er en bestemmelse kendt fra andre internationale aftaler (Internationale Olympiske Komités tv-aftaler siden 1988), som har til hensigt at sikre sportens kommercielle samarbejdsparter branchemæssig eksklusivitet i eksponeringen. En eksklusivitet, som forøger værdien af eksponering.

mulighed for at deres egen dækning til at omfatte internettet, som tv-stationerne allerede fra sidst i 1990'erne begyndte at opfatte som en vigtig brik for at overleve.

Det er tydeligt, at den nødvendige nye form for samarbejde affødte en voldsom polarisering i dansk sport. Først og fremmest ser vi en polarisering mellem de sportsgrene og organisationer, som *fik* et samarbejde og derved fik bygget en særlig økonomi op, og så de dele af dansk sport, som *ikke* var attraktive nok for tv og derved *ikke* fik store kontrakter i hus. Konkurrence-tv delte reelt dansk sport op i et økonomisk 'A-hold' og 'B-hold'. Men også på A-holdet udviklede der sig en intern økonomisk og dermed sportslig polarisering. Tv-stationerne favoriserede nemlig nogle klubber i deres dækning frem for andre, og det gav disse klubber større tv- og sponsorindtægter. Og da indtægterne i høj grad går til indkøb af bedre spillere – og dermed også bedre resultater – lagde det grunden til en begyndende sportslig polarisering. En polarisering, som på lang sigt kan udgøre en trussel mod værdien af det samlede produkt, da spænding og kvalitet ved nogle kampe derfor falder (Hedal 2006, Storm & Brandt 2008). For fodboldens vedkommende blev denne udvikling understøttet af, at man efter et forsøg med en lidt usædvanlig samarbejdskonstruktion midt i 1990'erne fandt en ny tv-samarbejdspartner i 1998, nemlig den rent kommercielle tv-station, TV3, som var indstillet på at give klubkampene en langt mere omfattende eksponering (Interview med Jim Stjerne Hansen 2007 og Jørgen Madsen 2007). I forbindelse med det skifte fra samarbejde med de landsdækkende public service-kanaler til rent kommercielt tv, begyndte de danske myndigheder for første gang at interessere sig for samarbejdsaftalerne mellem dansk sport og tv. Dette skyldtes dels, at de europæiske konkurrencemyndigheder generelt var begyndt at interessere sig for området, dels at der var flere nye elementer i aftalen.

Myndighederne involveres

Da den første superliga-aftale udløb (i 1996), blev der for en stund slået en streg over alle interne konflikter i fodboldens verden og mellem de to konkurrerende public service-stationer. DBU og Divisionsforeningen indgik nemlig en meget omfattende rammeaftale med DR og TV 2, og aftalen rummede både rettigheder til dækning af landsholdsfodbold og til klubfodbold på dansk grund. Aftalen var på 551 mio. kr.[8] og blev indgået for en otteårig periode, og den rakte reelt ud over sine egne rammer, idet DBU forpligtede sig til at arbejde aktivt for, at DR og TV 2 kunne få rettigheder til landsholdets udekampe – der jo ikke kunne indgå i aftalen, fordi de ejes af de udenlandske arrangører (Konkurrencestyrelsen 1997a, Interview med Jim Stjerne Hansen 2007, Hermansen et al. 1997). De to tv-stationer var pga. tv-konkurrencens udvikling mest interesserede i blot at vise uddrag fra superligakampene og i at sende transmissioner fra landskampe. De var heller ikke selv i stand til at honorere fodboldens økonomiske krav. Derfor kom rammeaftalen til at inkludere en helt ny aktør, det daværende teleselskab Tele Danmark, der på baggrund af en liberalisering af telelovgivningen ønskede at komme ind på tv-markedet som udbyder af betalings-tv. Rammeaftalen blev således betinget af et helt nyt aspekt i samarbejdet mellem sport og tv, nemlig at man i fællesskab skulle etablere en ny sportskanal. Den nye sportskanal, TVS, var ejet 100 % af Tele Danmark,[9] og kanalen fik overdraget rettighederne til eksklusivt at sende to direkte transmissioner fra dansk klubfodbold, og den skulle fungere som betalingskanal. Økonomien bag TVS blev i særdeleshed tilvejebragt af Tele Danmark, der på denne måde brugte nogle af sine opsparede reserver i et forsøg på at komme

---

8. Heraf skulle dansk klubfodbold have ca. 55 mio. kr. pr. år – til sammenligning med de 15 mio. pr år, som man havde fået i den foregående klubfodboldaftale (Hedal 2006: 35).

9. De 3 øvrige parter i samarbejdet havde en option på hver 20 % af aktierne.

FASCINATION OG FORRETNING

ind på tv-markedet. Prisen for de rettigheder, som blev overdraget til betalingskanalen, udgjorde ca. 50 % af rammeaftalens samlede pris (Hermansen et al. 1997).

For fodbolden var denne konstruktion helt afgørende, og man valgte at se bort fra andre økonomisk mere indbringende tilbud,[10] fordi man her både fik mulighed for at forøge eksponeringen af dansk klubfodbold (fra en til fire ugentlige transmissioner og sammendrag), og fordi man forventede som partner at få en mere direkte indflydelse på tv (Interview med Jim Stjerne Hansen 2007).[11] For DR og TV 2 var det den eneste konstruktion, som kunne bane vej for en økonomisk overkommelig aftale.

Aftalens længde var usædvanlig og vakte opmærksomhed, ligesom aftalens intentioner om at dække dansk klubfodbold på en kanal, som danskerne ikke ville have fri adgang til, gav anledning til diskussion. Ikke mindst fordi det også kom frem, at andre tv-aktører var meget interesserede i at deltage i et samarbejde. Disse aktører var nu afskåret herfra i mindst otte år, og det kunne synes vanskeligt overhovedet at komme i nærheden af en forhandling herefter, fordi aftalen også rummede en bestemmelse om fortrinsret til genforhandling.

De danske konkurrencemyndigheder valgte, meget usædvanligt, at tage samarbejdsaftalen op og vise interesse for tv. Også i myndighedernes optik var tv ved at blive til marked og forretning. Hensigten med Konkurrencestyrelsens initiativ var at vurdere, hvorvidt den slags aftaler kunne rumme konkurrenceretlige problemstillinger, og om der var grund til fremover at gøre det pligtigt at anmelde denne type af samarbejdsaftaler til konkurrencemyndighederne. Ud over at være meget omfattende var et af hovedproblemerne ved aftalen den lange løbetid, men Konkurrencerådet accepterede

---

10. Der var forlydender om, at TV3 havde været klar med et bud på en fireårig aftale til 275 mio. kr., og at en udenlandsk mellemhandler tilbød til enhver tid at betale 15 % over andre bud.
11. Både i DBU og i DIF har man gennem årene leget med ideer om at lave egne tv-kanaler eller produktionsselskaber.

aftalen, netop fordi en ny kanal skulle bygges op. Man ville gerne give den nye betalingskanal gode forudsætninger for at etablere sig.

Ud fra en markedspolitisk betragtning har det antageligt spillet en rolle, at dette marked på lang sigt netop skulle vokse ved hjælp af private, kommercielle udbydere. En betingelse for accepten var dog, at parterne lod bestemmelserne om fortrinsret til forlængelse af aftalerne udgå. Hermed forsøgte myndighederne at sikre nye aktører mulighed for at erhverve rettigheder til dansk fodbold og derved mulighed for at få adgang til markedet. Selvom styrelsen accepterede aftalen, fandt man klare belæg for, at samarbejde i form af denne slags aftaler har konkurrenceretlig relevans (Konkurrencestyrelsen 1997a). Sagen fik derfor den konsekvens, at samarbejdsaftaler mellem sport og tv fremover skulle anmeldes til konkurrencemyndighederne.

Afgørelsen blev anket af MTG (TV3), men de fik ikke medhold, da ankenævnet hæftede sig ved, at Konkurrencerådet efter de daværende regler ikke havde pligt til at gribe ind over for skadelige virkninger af konkurrencebegrænsninger.

Imidlertid gik TVS fallit allerede i forsommeren 1998 efter blot 14 måneder pga. for få solgte abonnementer. Grundlaget for aftalekomplekset var nu væk. Man havde som følge af kritikken af flytningen af klubfodbold over på en kanal, som kun et udsnit af befolkningen ville have adgang til, besluttet også at vise nogle af de vigtigste programmer på DR1 eller TV 2. Det betød, at man fik svært ved at sælge abonnementer til TVS. Resultatet blev, at TV3, som jo på flere måder undervejs havde markeret en interesse for fodboldrettighederne, derefter købte alle rettigheder til dansk klubfodbold eksklusivt for perioden 1998-2002. Og på denne mindre kommercielle kanal var mulighederne anderledes:

Vi har på det tidspunkt at gøre med to store stationer, som faktisk kun har deres hovedkanaler. Og de har nogle sendeflader, hvor de ikke kan smække så meget på, som vi gerne vil have. Og da kommer TV 3 så med en langt større sendeflade, og måske også – de har jo ingen public serviceforpligtelser – så de havde jo et langt større programfelt, de kunne tilbyde fodbolden. Og det er der ingen tvivl om, at det har været afgørende for klubfodbolden. (Interview med Jim Stjerne Hansen 2007)

Balanceakt. Konkurrence- og kulturpolitik

DBU valgte at fortsætte sit samarbejde med TV 2 og DR omkring landsholdsfodbolden inden for den oprindelige aftales rammer. Denne del af aftalen fik dog et besynderligt efterspil, som viser, at samarbejdet mellem de mest professionaliserede og kommercialiserede dele af dansk sport og tv opererer i et vanskeligt krydsfelt mellem kulturpolitisk og markedspolitisk regulering.

Konkurrencerådet havde i sin meddelelse til DBU, TV 2, DR og Tele Danmark understreget, at man ikke endeligt havde godkendt aftalen, og at man forbeholdt sig ret til at gribe ind senere, hvis der f.eks. kom ny lovgivning. Det valgte man at gøre i 2001, og myndighederne markerede således ved starten af det nye årtusinde, at man faktisk intenderede at sætte reguleringsmæssige rammer op for samarbejdet mellem sport og tv. Samtidig var der sidst i 1990'erne på de europæiske myndigheders initiativ kommet kulturpolitisk fokus på tv-sport, bl.a. fordi tv-konkurrencen i Europa havde betydet, at rettigheder til en del større internationale sportsbegivenheder i løbet af 1990'erne var blevet købt eksklusivt af kommercielle tv-aktører, der brugte rettighederne til at etablere sig som betalingskanaler. I flere tilfælde havde det betydet, at befolkningerne i de europæiske lande ikke havde fri adgang til at se deres topidrætsfolk i internationale konkurrencer. De var med andre ord ved at blive berøvet muligheden for at få adgang til dele af deres egen kultur og til at opleve det nationale fællesskab, som efterhånden kun begivenheder i kongehuset samt store sportsbegivenheder på tv kan tilvejebringe. Eftersom det var og er en væsentlig bestræbelse i det europæiske samarbejde at sikre den europæiske kultur og herunder den kulturelle diversitet, som

kendetegner Europa, havde de europæiske myndigheder valgt at
revidere EU-direktivet *TV uden grænser* i 1997 (Jakobsen 2009). Dette
direktiv udgør et lovgivningsmæssigt grundlag for det audiovisuelle
område i Europa, og bestemmelserne heri skulle implementeres i
de respektive nationale lovgivninger.[12] Det reviderede direktiv gav
medlemsstaterne mulighed for at lave en liste over sportsbegiven-
heder af 'særlig samfundsmæssig betydning', som skulle sendes
ukodet på landsdækkende tv, så hele befolkningen i princippet
kunne få adgang til dem. Det var frivilligt, om medlemsstaterne
ville lave sådan en liste, der i realiteten var en konkurrencebegræn-
sende foranstaltning. Den danske kulturminister valgte imidlertid
at lave listen, og direktivet blev implementeret i dansk lov pr. 1.
januar 1998. Bl.a. det danske fodboldlandsholds kvalifikations- og
slutrundekampe til EM og VM var på den danske liste, og Kultur-
ministeriet vurderede, at kun DR og TV 2 opfyldte kravene.

Den svære balancegang mellem kulturpolitiske og konkurrence-
politiske hensyn viste sig i 2001, da Konkurrencestyrelsen pålagde
DBU, DR og TV 2 at ophæve aftalen om fodboldlandsholdet pr. 1.
februar 2002 med henvisning til den lange løbetid på otte år. Afta-
len skulle ellers løbe til 2004. Men myndighederne valgte på denne
måde formelt at markere det konkurrenceretlig problematiske i
aftalens lange løbetid (Konkurrencestyrelsen 2001). I samme med-
delelse lod styrelsen dog tilkendegive, at man ville være positiv over
for en ny toårig aftale mellem de samme parter. Det skyldtes tv-
direktivets mellemkomst og dets kulturpolitiske implementering i
dansk lovgivning, som gav DR og TV 2 en fortrinsstilling i forhold
til dansk landsholdsfodbold, fordi de var de eneste landsdækkende
stationer på dette tidspunkt. Samarbejdet blev derfor ført videre
i en ny toårig aftale, så man reelt alligevel endte med et otteårigt
samarbejde. Men nu havde myndighederne markeret vigtigheden
af at overholde lovgivning på begge områder!

De kulturpolitiske betænkeligheder ved markedskræfternes

12. Direktivet sætter nogle minimumsrammer, men de nationale lovgivere
må gerne indføre strengere bestemmelser.

påvirkning af tv-sporten havde allerede i starten af 1990'erne resulteret i flere indgreb på europæisk niveau i sport-tv-samarbejdet.[13] Det var dog indgreb, som ikke satte direkte spor i Danmark, fordi de rettede sig mod EBU's aktiviteter. Men effekten af den voksende kulturpolitiske bekymring kan indirekte spores i andre danske aftaler, som f.eks. den femårige håndboldaftale mellem DHF, DR og TV 2 fra 1996-2001, hvor det blev understreget, at tv-stationerne "så vidt muligt" skulle sende begivenheder af national interesse (defineres som landskampe, Europa Cup-kampe, pokalfinaler og DM-afslutninger) på free-tv. Baggrunden for disse formuleringer var dels, at sporten af kommercielle årsager var bekymret for, om DR ville flytte håndboldtransmissioner over på sin nye kanal, DR2, der dengang kun kunne ses af ca. 60 % af befolkningen. Dels var de to parter interesserede i at foregribe kulturpolitiske indgreb (Interview med Morten Mølholm 2007).

Nye former for gensidighed

TV3's køb af eksklusive reportage- og transmissionsrettigheder til dansk klubfodbold og Europa Cup-kampe på dansk grund for perioden 1998-2002 banede vej for, at samarbejdet mellem sport og tv blev tættere, idet man nu også fokuserede på en kvalitativ

---

13. EU-Kommissionen traf i februar 1991 beslutning om, at EBU ikke kunne udelukke en ny tværnational tv-station, Screensport, fra at kunne købe sportsrettigheder. Beslutningen skulle sikre nye konkurrenter adgang til markedet. I juni 1993 kom Kommissionen med en afgørelse i forhold til EBU's kollektive køb af tv-rettigheder til internationale sportsbegivenheder, hvor man af kulturpolitiske årsager dels gav EBU lov til at udelukke private, kommercielle virksomheder fra samarbejdet, dels forsøgte at sikre ikke-EBU-medlemmer adgang til at købe uudnyttede rettigheder eller adgang til forskudt dækning af udnyttede rettigheder. Se i øvrigt Scheuer & Strothmann (2004) for en generel gennemgang af, hvorledes europæisk medielov sætter rammer for formidling af sport på tv.

udvikling af selve fremstillingen af sporten (Interview med Jørgen Madsen 2007 og Jim Stjerne Hansen 2007). Aftalen, som beløb sig til ca. 250 mio. kr., indebar, at den kommercielle station forpligtede sig til at lave et fodboldmagasin og 1-2 direkte transmissioner hver uge fra de kampe, som tv fandt attraktive. Tv opretholdt fuld redaktionel frihed til selv at vælge, hvilke kampe man ville vise, og derfor har aftalen haft konsekvenser for den polarisering, som blev omtalt ovenfor. For TV3 var investeringen i rettighederne et centralt element i en 'branding' af en ny betalingskanal TV3+. Den kommercielle aktør var, som citatet ovenfor vidner om, i modsætning til både DR og TV 2 ikke bundet af programpolitiske forpligtelser, og kunne derfor lægge hele sin programflade om, så de nye rettigheder kunne udnyttes og gives maksimal eksponering for det publikum, som kanalen havde adgang til.[14] Eftersom fodboldrettighederne indgik som en del af en strategi, hvor det bl.a. gjaldt om at positionere sig positivt som reklamemedie i forhold til TV 2, gik TV3 meget aktivt ind i en produktudvikling af selve transmissionen. Forbedringer af den audiovisuelle produktion, faste aftaler om interviews og bedre lysforhold på stadions var elementer i et endnu tættere samarbejde mellem sport og tv; alt sammen guidet af en fælles bestræbelse på at skabe et godt oplevelsesprodukt (Interview med Jørgen Madsen).

I perioden efter 2000 er gensidigheden i de etablerede samarbejder tiltaget og har vist sig i stadig flere former. For de kommercielle tv-kanaler har rettigheder til især fodbold fået en afgørende betydning, både for de etablerede og for nye kanaler, (Konkurrencestyrelsen 2006). Og for de to public service-kanaler er samarbejdet blevet væsentligt i en samlet strategisk bestræbelse på at sikre sig legitimitet og troværdighed i forhold til både politikere og befolkning. Prisen på de mest attraktive sportsgrene har haft en stigningstakt, som tv har haft vanskeligt ved fortsat at følge,

---

14. TV3 var ikke landsdækkende, og det gav anledning til uro blandt nogle klubber, hvor man af hensyn til sponsorer havde en interesse i landsdækkende eksponering i det ugentlige magasinprogram.

fordi tv-markedet har udviklet sig således, at publikum spredes over et fortsat voksende antal kanaler. Det er derfor karakteristisk, at parterne i dette krydspres til stadighed har forsøgt at finde nye måder at imødekomme hinandens behov på.

For den kommercielle aktør MTG (TV3 og TV3+) var erhvervelsen af rettighederne til dansk klubfodbold en markant strategisk og økonomisk succes. Man hentede konsekvent sine højeste og mest stabile seertal på fodboldprogrammerne, og man havde med held brugt rettighederne som løftestang til at få tv-seerne til at stemme MTG's kanaler ind i distributørernes tv-pakker og derved fået sin investering hjem i form af abonnementsindtægter. For at fastholde og cementere sin position som dansk klubfodbolds samarbejdspartner, var man derfor villig til at give yderligere køb på sin redaktionelle frihed i den efterfølgende aftale om dansk klubfodbold for 2002-2006 (Interview med Jørgen Madsen 2007). Den aftale implicerede, at alle klubber fik en minimums-eksponering på hjemmebane, og imødekom et behov i fodbolden for at dæmme op for en tiltagende økonomisk og sportslig polarisering i ligaen. Og i løbet af aftalen (i 2004) gik MTG også med til at give køb på sin eksklusive ret til at nyhedsdække ligaen. Fra fodboldklubbernes side var der opstået tiltagende uro over håndboldklubbernes stærke eksponering på de to landsdækkende tv-kanaler og ikke mindst den succes, de havde med at tiltrække sponsormidler. Fodboldklubberne var bange for at miste momentum på sponsormarkedet (Interview med Jim Stjerne Hansen 2007). For opretholde og fremtidssikre sin position som dansk klubfodbolds foretrukne samarbejdspartner valgte MTG derfor i 2004 at give fodbolden lov til at indgå en femårig aftale med DR og TV 2 om nyhedsdækning af dansk klubfodbold (Interview Jørgen Madsen, MTG). Hermed var dansk klubfodbold sikret eksponering på landsdækkende tv, og man havde imødekommet kritikken fra nogle klubber, hvis sponsorer ønskede en bredere eksponering.

For de to landsdækkende public service-kanaler var adgangen til at vise dansk sport strategisk vigtig, men man havde vanskeligt ved fortsat at imødekomme sportens økonomiske krav. Dels fordi man havde begrænsede indtægtsmuligheder, dels fordi man havde en række andre programpolitiske forpligtelser (Interview med Olav Skaaning Andersen 2007). For TV 2 har sportsstoffet fortsat både økonomisk og legitimitetsmæssig betydning, og for DR har stoffet også stadig betydning i forhold til fortsat at sikre opbakning hos befolkning og politikere til sin licensfinansiering. For sportens forskellige organisationer er de landsdækkende kanaler fortsat særdeles interessante, fordi de stadig indtager en altdominerende plads i danskernes tv-forbrug, og fordi omtale her fortsat betragtes som et moralsk og symbolsk vigtigt rygklap (Interview med Morten Mølholm 2007). Begge parter forsøgte derfor også at finde pragmatiske løsninger i det første årti af det nye årtusinde.

I 2001 valgte en ny dansk regering at opgive listen over særlige, samfundsmæssigt betydningsfulde sportsbegivenheder, som danskerne skulle sikres adgang til på landsdækkende tv. Man overlod nu med andre ord samarbejdet mellem sport og tv helt til markedskræfterne. Det havde vist sig vanskeligt at få reglerne til at fungere efter de kulturpolitiske hensigter. Ganske vist havde man kunnet sikre DR og TV 2 lov til at vise begivenheder til en pris, som Konkurrencestyrelsen fastsatte. Men i flere tilfælde havde tv-kanalerne afvist at købe til den fastsatte pris, og danskerne havde alligevel ikke kunnet se begivenhederne på fjernsynet.

I 2004 valgte DR af økonomiske årsager at trække sig ud af samarbejdet med TV 2 og DBU. DBU stod nu tilbage med TV 2 som eneste samarbejdspartner, hvilket gav et andet økonomisk udgangspunkt. Men da DBU i mange år havde haft en klar strategisk interesse i at sikre herrelandsholdets kampe eksponering på landsdækkende public service-tv, valgte fodboldorganisationen at udnytte den forringede forhandlingsposition til at indgå en aftale, hvor TV 2 for perioden 2004-2008 fik de eksklusive transmissionsrettigheder til herrefodboldlandsholdets hjemmekampe. Samtidig forpligtede TV 2 sig til at transmissionsdække 3-4 af U21-herrelandsholdets og damelandsholdets kampe på en kanal, der som minimum havde samme udbredelse som TV Zulu. Hermed havde

DBU sikret sig dækning og kommerciel værdifuld eksponering til andre dele af dansk fodbold.

DR har i det nye årtusinde også valgt at imødekomme sporten med tilbud om dækning og eksponering i stedet for 'cool cash'. Det valg har dog ikke været så svært, fordi det samtidig har kunnet imødekomme en voksende kulturpolitisk orienteret kritik af stationens stadigt mere smalspektrede sportsdækning. Da man skulle forhandle en ny fællesaftale med Team Danmark for perioden 2001-2006, så DR sig ikke i stand til at honorere Team Danmarks økonomiske krav. Man endte derfor med en aftale, hvor DR skulle betale væsentlig mindre for rettighederne end TV 2, men til gengæld forpligtede DR sig på årligt at transmissionsdække ti forskellige sportsgrene ud over håndbold og fodbold (Interview med Morten Mølholm 2007 og Olav Skaaning Andersen 2007). Ordningen balancerer de økonomiske interesser hos mediet og sporten med de kulturpolitisk krav om at dække dansk sport helt generelt, og man valgte derfor at fortsætte aftalen for 2006-2011.

Reguleringen skærpes

De danske konkurrencemyndigheders indgreb i aftalen om landsholdsfodbolden i 2001 var helt i tråd med den internationale udvikling. På europæisk plan har konkurrencemyndighederne siden årtusindskiftet været meget aktive og foretaget en række indgreb i samarbejdet mellem sport og tv i f.eks. Tyskland og Storbritannien. Disse indgreb havde i midten af årtiet stadfæstet en række væsentlige principper – bl.a. angående længden af aftalerne. Man ville ikke acceptere aftaler af mere end tre års varighed, fordi mediemarkedet var under så hastig forandring, og det var centralt at sikre nye aktører mulighed for at markere sig (Konkurrencestyrelsen 2006). Og for muligheden for at komme ind på mediemarkedet havde sportsrettigheder vist sig at have afgørende betydning. Ikke desto mindre vedblev man i både dansk håndbold og fodbold at indgå aftaler, som reelt var af mindst fem års varighed, og aftalerne blev indgået, uden at nye aktører fik mulighed for at komme til forhandlingsbordet. Konkurrencemyndighederne greb derfor ind endnu en gang, da DBU/Divisionsforeningen og MTG (TV3) ved udgangen af 2006 indgik en ny aftale. I realiteten genforhandlede og forlængede de den eksisterende aftale angående klubfodbold, som egentlig først udløb i 2009. Og baggrunden var, at MTG nu i samarbejde med TV 2 ønskede at etablere en ny pay-tv-sportskanal, TV 2 Sport. Genforhandlingen betød, at alle rettigheder til dansk klubfodbold nu lå hos MTG i en periode på over fem år – dog med aftale om, at en del af rettighederne skulle videresælges til den nye sportskanal, TV 2 Sport, som var ejet af TV 2 og MTG i fællesskab.

Man kan altså konstatere, at myndighederne nu reelt begyndte at diktere rammerne for fremtidige samarbejdsaftaler (Jakobsen 2009, Konkurrencestyrelsen 2007). Set fra et konkurrence- og forretningsmæssigt synspunkt var problemerne ved den hidtidige praksis ved salg af fodboldrettigheder mange: Først og fremmest var rettighederne blevet markedsført og solgt samlet, de var blevet overdraget eksklusivt via kontrakter for perioder på op til fem år, og de indeholdt klausuler om eksklusiv adgang til genforhandling, og rettighederne er blevet overdraget samlet til én bestemt køber. Som løsning på disse konkurrenceforvridende tiltag forlangte myndighederne, at fodboldrettighederne fremover skulle brydes op i flere pakker med forskelligt indhold rettet mod forskellige medieplatforme. Pakkerne skulle udbydes enkeltvis i åbent udbud for en periode på maks. tre år, og ingen skulle have fortrinsret til køb af pakkerne. De særligt attraktive pakker med eksklusive live-transmissionsrettigheder skulle i princippet sælges til forskellige aktører og til de aktører, som ud fra en samlet vurdering havde det økonomisk set mest fordelagtige tilbud. For at sikre det sidste skulle hele processen overvåges af en uafhængig instans.

Konkurrencemyndighederne tog derfor initiativ til udvikling af en ny model for salg af fodboldrettigheder i Danmark og indgik i efteråret 2007 en aftale med DBU/Divisionsforeningen om, hvordan salget skulle foregå fremover. Resultatet af dette blev en række nye fodboldaftaler, der blev indgået ved udgangen af 2007

og sikrede dansk klubfodbold eksponering på hele 6 forskellige
tv-kanaler i perioden 2009-2012. Selvom man fra fodboldens side
havde været overbevist om, at et samlet salg til én partner var den
økonomisk mest indbringende model, viste den nye model sig at
give det bedste økonomiske udbytte nogensinde. Samlet set kom
den til at indbringe mere end 1 mia. kr. til dansk fodbold i en
treårig periode, og dermed havde de direkte indtægter fra tv for
første gang oversteget fodboldens indirekte tv-indtægter, nemlig
sponsorindtægterne (Storm & Brandt 2008: 224).

Hensigten bag aftalen var at sikre, at publikum kunne få ad-
gang til dansk klubfodbold – og at så stor en del af det underhold-
ningsprodukt, som fodbold er, ville blive udbudt. Og ligeledes var
hensigten at sikre, at så mange aktører som muligt fik mulighed
for at komme ind på det danske tv-marked. Hvis den danske tv-
seer vil have adgang til den samlede vare, skal han dog betale flere
penge end nogensinde før. Valgmuligheden og markedet er øget,
men prisen er tilsvarende steget. For sporten kan prisen for den
nye aftale være en større polarisering fremover (Storm & Brandt
2008: 238), eftersom fodboldens dominerende position er blevet
yderligere befæstet gennem eksponering på endnu flere kanaler.

Polariseringen af dansk sport i et A- og et B-hold har betydet,
at tv-sport også er kommet mere eksplicit frem på den danske
kulturpolitiske dagsorden. Det er sket som direkte følge af spor-
tens omfattende lobbyarbejde (Interview med Morten Mølholm).
Sportsorganisationerne har haft held med at agere offensivt i et
kulturpolitisk klima præget af stor lyst til detailregulering af især
DR, med det resultat at der i de mediepolitiske aftaler mellem DR
og Kulturministeriet for 2007-2010 blev indføjet bestemmelser om,
at DR skulle fremvise en "mærkbar øgning af dækningen af mindre
idrætsgrene". Og i den nye *Public service-kontrakt 2011-2014* er den
mediepolitiske interesse tydelig, idet daværende kulturminister Per
Stig Møller i sit forord bl.a. præciserer, at DR's fremmeste opgave
er at give plads til "smalle" programmer og fremvise alsidighed og
mangfoldighed i sin skildring af dansk demokrati og kultur. På
sportens område betyder det, at man på tv både skal forøge om-

fanget af programmer med smalle sportsgrene og handicapidræt og øge antallet af idrætsgrene i dækningen. Det er nu ikke kun sporten, som det er lykkedes at få krav igennem via kulturpolitiske tiltag og lobbyarbejde. I 2007 lykkedes det for de europæiske public service-stationer i forbindelse med revision af *TV uden Grænser*-direktivet[15] at sikre sig retten til at bringe korte nyhedsuddrag fra store sportsbegivenheder, selvom andre tv-stationer allerede havde købt tv-rettighederne eksklusivt (Jakobsen 2009). Dette skete trods stor modstand fra både danske og internationale sportsorganisationer, der betragtede det som en klar begrænsning i mulighederne for kommerciel udnyttelse af deres rettigheder (Interview med Morten Mølholm). Men for de europæiske myndigheder var hensynet til sikring af befolkningernes adgang til information om samfundsmæssigt vigtige begivenheder væsentligere. Ikke mindst fordi det især var forventet at blive et regelsæt, som skal sikre de europæiske befolkninger adgang til klip fra begivenheder arrangeret af nogle af de økonomiske mastodonter i sportens verden: OL, VM og EM i fodbold.

Nye medier – nye horisonter?

Jeg har flere gange peget på, at udsigten til et digitaliseret medielandskab allerede har haft og i stadig højere grad vil få betydning for samarbejdet mellem sport og tv. Udviklingen af et nyt mediebillede med flere kanaler, nye digitale medier og stadig flere mobile platforme og enheder resulterer i et komplekst – og usikkert – samarbejde mellem tv og sporten. Hvad er der i vente? Sporten havde derfor i stor udstrækning overladt det til tv at udnytte de nye platforme – indtil konkurrencemyndighederne greb ind i 2007. I det hele taget har sporten været usikker på potentialet i de nye medier, og tv har haft en strategisk interesse i at sikre sig kontrol

---

15. Direktivet hedder nu *Direktivet om audiovisuelle tjenester uden grænser*.

over disse platforme, så underholdningsværdien af især deres eks-
klusive 'live'-rettigheder ikke blev udhulet.

Usikkerheden i forhold til den kommunikationsteknologiske
udvikling betød, at DBU/Divisionsforeningen i 2002 besluttede
at afprøve rækkevidden af den arrangementsbeskyttelse, som Hø-
jesteret stadfæstede i 1982 i sagen om radioprogrammet *Halvleg*.
For fodbolden var det vigtigt at få en principiel specifikation af,
hvilke kommunikationskanaler der var omfattet af denne arran-
gementsbeskyttelse. Her har det antageligt også spillet en rolle, at
teknologien på det tidspunkt udviklede sig sådan, at 'live'-dækning
på internettet blev et sandsynligt og reelt fremtidsscenario. Den
konkrete retssag drejede sig om, at en internetvirksomhed indsam-
lede fodboldresultater og stillinger fra bl.a. den danske superliga,
der var offentliggjort via rettighedshaveren TV3, og derpå lagde det
ud på virksomhedens egen hjemmeside og udbød dem som sms-
service via en teleoperatør. DBU/Divisionsforeningen mente ikke,
at tele- og internetoperatøren var berettiget til at videregive disse
informationer i kommercielt øjemed, så længe kampene blev spillet.
Sagen blev ført helt til Højesteret og først afgjort i 2004 (*Ugeskrift
for Retsvæsen* 2004). I Højesteret så man kulturpolitisk på sagen, og
i rettens afgørelse blev hensynet til fri adgang til nyhedsformid-
ling afgørende – uanset de økonomiske interesser, som fodboldens
organisationer måtte have i sagen. Dommen fastslog, at det for-
midlede materiale udelukkende var indhentet via de medier, som
fodbolden havde indgået rettighedsaftaler med. Hermed stadfæ-
stede man, at fodboldorganisationerne fortsat havde rettighederne
til at sælge transmissionsrettighederne, og at rettighedshaverne
har ret til at formidle oplysninger fra begivenhederne først. Men
eftersom de omdiskuterede resultater var blevet offentliggjort på
grundlag af eksisterende aftaler, kunne fodboldens organisationer
ikke kræve yderligere vederlag, ligesom formidlingen ikke blev an-
set for værende af væsentlig betydning for antallet af tilskuere og
dermed klubbernes økonomi. For DBU/Divisionsforeningen betød
dommen dermed også en begrænsning i de videre muligheder for
at kapitalisere på sit produkt gennem f.eks. salg af sms-services.

Underholdningsprodukt som forretning og kultur

Det historiske forløb viser, at bestemte sportsbegivenheder ved tv's hjælp udvikler sig til at blive en 'vare', som både sport og idræts-politikere efterhånden ser klare økonomiske potentialer i, og som udvikler sig til at få meget stor strategisk betydning for det danske tv-marked. Det betyder, at dansk håndbold og dansk fodbold som programvarer allerede i 1990'erne begyndte at være dyrt stof, hvis man måler det i seereffektivitet. Prisen pr. seer pr. sendt time til superligafodboldkampe og håndbold er dyrere end prisen pr. seer til både film, dansk drama og reality-programmer (Storm & Brandt 2008: 227).

Elitesporten er i dag blevet til et stærkt kommercialiseret og professionaliseret foretagende, men den har alligevel bibeholdt en status som underholdning, fællesskabssamlende og identitetsskabende. Skismaet mellem kultur og forretning forsvinder næppe – selvom markedskræfterne synes at have størst styrke og fremstår som de initierende kræfter i udviklingen af underholdningspro-duktet.

SPORT PÅ SKÆRMEN

Jeg har tidligere understreget, at der er et særligt godt match mellem tv som udtryksform og sport, og at det er en af årsagerne til, at tv også i dag indtager en stærk position som danskernes foretrukne sportsmedie. Men hvad er det så for programmer, som de danske sportsseere er blevet tilbudt gennem årene, og hvordan har disse programmer forandret sig? Min gennemgang vil være kronologisk struktureret og gøre relativt meget ud af at beskrive programmer, der hører den fjerne fortid til, ligesom programmer, hvor dansk tv har sat sit mest tydelige fingeraftryk i formidlingen, vil blive prioriteret. Med dette blik bliver det klart, at programudvikling ofte er et resultat af et særligt samspil mellem tv og sport, og at udvikling ikke er en lineær størrelse, forstået således, at vi i dag står på toppen af udviklingen. Faktisk har en række af de programmer, vi i dag ser på tv, og som vi betragter som nyskabende, meget klare historiske pendanter. I den forstand tegner udviklingen snarere en cirkulær bevægelse, hvor bestemte perspektiver på sport bliver genbrugt – men under nye omstændigheder, og uden at aktørerne nødvendigvis er bevidste om det.

Udviklingen i omfanget af programmer taler sit eget sprog om, hvordan både teknologiske udviklinger, politisk deregulering og ændringer på det internationale tv-marked har været med til at forandre programudbuddet. I 1959-1960, hvor der kun var én tv-kanal at tænde for, blev der sendt ca. 73 timers sport om året (Søndergaard 2006). I 2010 var det muligt at se mere end 8.668 timers sport om året (TNS Gallup). Adgangen til de mange timers sport er dog ikke så ligetil, det koster penge og udstyr, og kun otte kanaler er gratis (når medielicensen er betalt). Kun fire af de otte kanaler (DR1, DR2, TV 2 og TV 2 Regionerne) kan ses i mere end 75 % af de danske husstande. Det er således stadig sportsprogram-

mer sendt på de landsdækkende public service-kanaler, der trækker
flest seere.

Men sport er sammen med film gennem de sidste 10-15 år ble-
vet den mest centrale indholdskomponent for tv-stationer, som vil
have indhold, seere og kunder, men også for distributører (YouSee,
Viasat og Stofa), der netop har brugt kanaler med sportsudbud
til at gøre deres programpakker attraktive. Det nye multikanal-
landskab, som vi har fået, er især blevet tydeligt siden begyndelsen
af dette årtusinde og har vist sig i en eksplosiv vækst i det totale
udbud af sportsprogrammer til danskerne. Dette fremgår af ne-
denstående sammenligning af antallet af sportssendetimer i tre
perioder (Fig. 1).

Fig. 1: Omfanget af sportssendetimer på danske tv-stationer 1996-2010.

Udsendelsestimer	
Periode	Timer
1996-2000	8.668
2001-2005	40.292
2006-2010	41.758

Kilde: Gallup TV-Meter.

Opgørelsen dækker over store udsving fra år til år og er meget
grovkornet, da den er baseret på tv-stationernes egne indrappor-
teringer under kategorien sport. Ikke desto mindre viser tallene en
klar tendens, hvor det især er omkring årtusindskiftet, at udbud-
det er eksploderet. I mange år har det været således, at antallet af
sportssendetimer især har varieret i forhold til udbuddet af store
internationale sportsbegivenheder. Historisk har sportsudbuddet
derfor især toppet i de år, hvor der har været afholdt Olympiske
Lege, hvorimod sportsprogrammerne i år uden OL eller VM- el-
ler EM-slutrunder i herrefodbold typisk har udgjort ca. 7-8 % af
sendetimerne på DR og 9-10 % på TV 2 (Søndergaard 2006, 2000).

Til sammenligning udgjorde sportsprogrammerne i 1984 og 1988 henholdsvis 16 % og 14 % af DR's sendeflade (Sepstrup 1994: 276). Sådan er det ikke længere.

Ser man på de nyeste tal, bliver det tydeligt, at multikanalsituationen med det store udbud af mindre kommercielle kanaler med andre forretningsmodeller end public service-kanalerne, rent udbudsmæssigt ændrer på mængden af udsendelsestimer (Fig. 2).

Fig. 2: Sportssendetimer 1996-2010.

Udsendelsestimer	
Periode	Timer
1996	1.603
1997	1.328
1998	1.800
1999	1.236
2000	2.701
2001	2.989
2002	8.645
2003	9.076
2004	9.561
2005	10.021
2006	10.590
2007	8.467
2008	7.551
2009	6.329
2010	8.820

Kilde: Gallup TV-Meter.

Det ses, at det især er i 2002, at udbuddet vokser eksplosivt, men også at udbuddet ser ud til at være stagnerende i anden halvdel af 00'erne. Den eksplosive vækst skyldes især MTG's lancering af satellitsportskanalen Viasat Sport 1, der i 2002 stod for ca. halvdelen af de registrerede timer og i 2006 var helt oppe på at stå for 2/3 af det samlede udbud.[16] Væksten er dog heller ikke her fortsat, og faldet i sportssendetimer fra 2007 knytter sig til etableringen af sportskanalen TV 2 Sport, der indebar en lukning af Viasat Sport 1 til fordel for TV 2 Sport (Konkurrencestyrelsen 2007). Men på TV 2 Sport har man i 2007-2010 årligt sendt færre timer, end man tidligere gjorde på alene på Viasat Sport 1.

Den eksplosive vækst og de nye mønstre i udbuddet hænger sammen med mange forhold. Først og fremmest skyldes det, at de nye kommercielle aktører på tv-markedet bruger sportsstoffet til at få opfyldt et behov for overhovedet at få fyldt deres programflade ud. Dette er blevet understøttet af europæisk lovgivning, som har pålagt de etablerede og ofte store public service-tv-stationer, som har erhvervet rettigheder gennem det europæiske samarbejde, EBU, at tilbyde de rettigheder, som de ikke har tænkt sig at udnytte, til videresalg. Adgang til at købe sportsindhold er blevet gjort lettere for de kommercielle aktører på tv-markedet. Dertil kommer, at en stor del af disse nye kanaler er bygget op på en helt anden forretningsmodel, hvor indtægterne udgøres af både abonnementer og reklamer, og hvor overskuddet delvist skal udbetales til aktionærer. Det betyder, at de har en interesse i at udnytte relativt billige rettigheder til at tiltrække et måske lavt, men stabilt, antal abonnenter og seere med en bestemt sammensætning over en lang periode. Og netop abonnenter, konstans og forudsigelighed i seerflowet er sammen med udfyldning af sendefladen til billige penge vigtigere end at kunne demonstrere seerrekorder til enkeltstående transmissioner fra profilerede begivenheder. Kanalernes satsning på at dække andre typer af

16. Opgørelserne inkluderer ikke programsendetimer på sportskanalerne Eurosport og Viasat Sport 2 og 3.

sportsbegivenheder, hvoraf en del er internationale og uden dansk deltagelse, er en del af baggrunden for, at udsvingene i sportsudbuddet fra år til år ikke længere følger de kendte mønstre. Hvor public service-kanalerne tidligere valgte det bedste af det bedste, og dertil ofte satsede på dækning af begivenheder, som kunne styrke det nationale og derved trække relativt store seergrupper, betyder de nye aktørers anderledes behov, at vi generelt har fået forøget udbuddet, og at der er både et mere massivt og konstant tilbud om sportsoplevelser på tv – hvis man kan betale.

Forandringer i programvirksomheden

Vækst i programudbuddet er dog ikke i sig selv ensbetydende med, at programmerne også er blevet mere varierede i dækning af forskellige sportsgrene, eller at tv finder nye måder at dække sport på. Jeg vil her se nærmere på, hvordan sportsprogrammerne har udviklet sig i deres bredde, og jeg vil belyse, hvordan tv's formidling af sport er influeret af flere samvirkende faktorer. Dels synes teknologiske udviklinger meget direkte at påvirke programudviklingen og de måder, hvorpå tv formidler sport, og det har da også været meget almindeligt, at man brugte sport som et område, hvor man kunne tillade sig at afprøve ny teknologi.

Tekniske udviklinger kan dog ikke alene forklare, hvorfor tv's dækning af sport gennem tiden har ændret sig. Strukturelle betingelser som f.eks. finansieringsform, sociale forandringer i tv-organisationerne pga. rekruttering af nye medarbejdere og nye kompetencer, ændringer i medielandskabet og ændringer i både international og dansk sport, spiller ligeledes en central rolle. Teknologien vil nemlig kun blive taget i brug, i det omfang den på et givet tidspunkt kan medvirke positivt til at opfylde medieinstitutionens og medarbejdernes behov. Tv's egen (ofte sammensatte) fortolkning af sin rolle som formidler mellem publikum og sport udgør med andre ord en absolut afgørende kraft bag programudviklingen. Og som vi skal se i det følgende, er de mest markante kvalitative forandringer i programudviklingen opstået i de perioder, hvor den hidtidige fortolkning udfordres mest.

Praktiske, underholdende og oplysende hensyn

Mulighederne for at producere tv-billeder og distribuere dem til seerne var i tv's første årti meget begrænsede. Optage- og sendeudstyret var tungt, knapt og ikke vejrbestandigt, og mulighederne for at sende til seerne var også stærkt begrænsede, fordi sendemaster til spredning af tv-signalet stadig var under opbygning.

Da Statsradiofonien startede sin fjernsynsvirksomhed i 1951, påbegyndte man en treårig forsøgsperiode, hvor man sendte en times programmer tre aftener om ugen. D. 5. januar 1952 sendte Statsradiofonien den første filmreportage fra en sportsbegivenhed i Danmark, nemlig Europamesterskabet i letvægt i boksning, og det blev startskuddet til en levedygtig programlinje. Antallet af sportsprogrammer var dengang beskedent, men antallet voksede støt allerede fra start. I 1952 sendte man otte sportsprogrammer, i 1954 16, og allerede i 1957 var man oppe på 30 programmer. Denne kontinuerlige vækst viser, at det underholdende og folkelige sportsstof blev betragtet som en central og naturlig del af det nye, gryende medies udbud.

I de første år bar programmerne imidlertid præg af, at man reelt havde stofmangel, fordi udstyret var så begrænset og tungt at bruge. Som en kulturpolitisk forpligtet public service-station ville man nok helst have fortsat programlinjen fra radioen, hvor man i reportager og nyheder forsøgte at afspejle sporten og alle dens top-begivenheder. Det tillod teknologien dog endnu ikke. Af programoversigterne fremgår det, at sportsprogrammerne bestod af en del købt, internationalt stof, og der var relativt få begivenhedsorienterede programmer. Nogle få udvalgte begivenheder blev dog dækket i 15-20 minutter lange reportager. Det var typisk store internationale sportsbegivenheder som f.eks. Vinter-OL i Oslo og motorsportsløbet Le Mans. Det kunne også være lokale københavner-sportsbegivenheder med internationalt præg. Eksempelvis blev Hellerup Idræts Klubs årlige tennisturnering, 6-dagesløb i Forum og danselandskampe i KB-Hallen dækket i disse tidlige år.

De tekniske begrænsninger betød, at man måtte finde andre måder at dække sport på, og de tidlige år rummer derfor interessante vidnesbyrd om, hvilke perspektiver man senere valgte fra, da redaktionen fik andre teknologiske forudsætninger. I tillæg til de indkøbte programmer sendte man et mindre antal studiebaserede programmer, hvor man i samarbejde med sportens organisationer udnyttede mediets muligheder for at vise og demonstrere forskellige former for idræt. Det var enten underholdende liveopvisninger, livedemonstrationer af udvalgte tekniske finesser i en idrætsgren eller brug af tegninger, der kunne fremme seernes indsigt i en sportsgren. Indholdsmæssigt beskæftigede man sig både med fægtning og fodbold, ligesom man lavede en studiedebat om boksning, sendte reportager fra sportstræning for at oplyse seerne om træningsmetoder hos eliten, og man brugte studiet til at give instruktion i morgen- og afspændingsgymnastik for husmødre ved en af datidens fremmeste gymnastikpædagoger Helle Gotved.

Et af de mere kulørte indslag i sportsdækningen dengang var *Fjernsynets danseturnering* (1954-1957), som er et godt eksempel på, at tv ikke bare passivt har dækket verden, men også selv aktivt har sørget for at få egnet stof til programproduktionen.[17] Statsradiofonien arrangerede årlige dansekonkurrencer på diverse københavnske restaurationer og dækkede dem så efterfølgende i

---

17. At medier således selv er med til at forme de begivenheder og fænomener, de dækker, er der ikke noget nyt i. Allerede i starten af det 20. århundrede blev der blandt danske aviser grundlagt en tradition for at arrangere egne sportsbegivenheder. Formålet var at stimulere folks interesse for det nye fænomen, sport, og i samme åndedrag for mediet selv. Ekstra Bladets skoleturneringer i fodbold og Alt for Damernes kvindeløb er moderne eksempler på denne form for egen-reklame.

filmreportager. I det hele taget udgjorde dansekonkurrencer og showorienterede begivenheder med masser af 'visuel kraft', som f.eks. 6-dagesløbene en bemærkelsesværdig del af programudbuddet. Disse begivenheder kunne medvirke til at udbrede mediet og har endvidere haft den fordel, at de som indendørs arrangementer i teknisk henseende antageligt har været mindre problematiske at dække.

I forbindelse med 6-dagesløbene har det praktiske og det underholdende på fornem vis kunnet forenes. Forum ligger lige over for Radiohuset i København, og det forhold, at man faktisk var i besiddelse af et kabel, som kunne nå fra Radiohuset til Forum, gjorde det muligt at dække denne populære begivenhed mere indgående i livereportager (*Gunnar Nu Hansen. Mindeudsendelse*). Nogle af de deltagende professionelle cykelstjerner var tilmed indstillet på aktivt at medvirke til, at reportagerne blev populære. En af datidens cykelstjerner, Kay Werner, indgik aftaler med Gunnar Hansen om at sørge for 'action', når fjernsynet sendte. Han gav et aftalt signal til tv-journalisten, inden han angreb. Og så kunne journalisten begynde en spændingsopbygning.[18] Dermed fik begge parter det, de søgte, nemlig underholdning, som publikum var villige til at betale for.

Hjørnestenene lægges. Transmission og magasinprogram

I 1954 dukkede der en ny programtype op, som meget hurtigt skulle vise sig at blive en af hjørnestenene i tv's sportsdækning: den direkte sportstransmission. Baggrunden for den programtypes gennembrud er både teknologisk og organisatorisk. Først og fremmest erhvervede Statsradiofonien i 1954 sin første OB-vogn (Outside Broadcasting, *Danmarks Radio 1954-55*) med såvel kame-

---

18. Dette fortæller Kay Werner om i tv-programmet *Gunnar 'Nu' Hansen*, sendt første gang på DR d. 5. januar 1993.

raer som selvstændig billedsender. Hermed blev det muligt at sende direkte transmissioner fra sportsbegivenheder forskellige steder i Danmark. Samme år blev Eurovisionens programudvekslingssamarbejde (EBU) som nævnt etableret, og eftersom mulighederne for filmoptagelse var ringe, blev programmerne for en stor dels vedkommende udvekslet i form af direkte transmissioner. Det viste sig hurtigt, at især transmissioner fra sportsbegivenheder vakte interesse i de forskellige medlemslande, og den gratis udveksling i netværket betød, at vi i Danmark allerede fra 1954 viste transmissioner fra sportsbegivenheder i andre lande.

De direkte eller forskudte transmissioner kom hurtigt til at dominere tv-sporten totalt, og de fortrængte i realiteten de mere oplysende og dannelsesorienterede vinkler på sport, som man havde dyrket i flere af de studiebaserede programmer.

De nyindkøbte OB-vogne var en vigtig forudsætning for, at man kunne sætte den anden hjørnesten i dansk tv-sport, magasinprogrammet, i søen. I 1959 fik de danske seere med sportsmagasinet *Sportsorientering* (1959-1969) for første gang en rutinemæssig nyhedsdækning af aktuelle sportsbegivenheder på tv. Programmet varede i 20 minutter, blev sendt en gang ugentlig og bestod af 4-7 blandede indslag fra ind- og udland, som en studievært bandt sammen.[19] Selvom programmet i begyndelsen af tekniske årsager havde en beskeden dækning af dansk sport og var domineret af stof udvekslet over Eurovisionen, afspejler indholdet i de danske indslag, at de nye optagemuligheder i høj grad blev brugt til en samling af nationen via en bredere geografisk dækning. Dækningen var dog reelt domineret af begivenheder i København og omegn, men man sendte også reportager fra stutterier og stadionindvielser i Jylland og dokumenterede herved sportens udvikling og udfoldelse i andre landsdele.

Med etableringen af det nordiske programudvekslingssamarbejde Nordvisionen i 1959 og færdiggørelsen af et fuldt udbygget

19. Programmernes indhold og struktur fremgår af arkiverede DR-interne beskrivelser af programmerne.

dansk sendenet ved udgangen af samme år var de teknologiske forudsætninger og organisatoriske rammer for de næste 15 års programmæssige linje på plads.

Tv-dækning i den 'gode sags tjeneste'

Efter det første årti, hvor dansk tv både teknologisk, programmæssigt og publikumsmæssigt var i sin vorden, fik man et publikumsmæssigt gennembrud i forbindelse med Olympiske Lege i Rom 1960. Det var det første OL, som de danske tv-seere fik adgang til i direkte transmissioner, og det skete via samarbejdet i Eurovisionen. Muligheden for at opleve konkurrencerne direkte, og, ikke mindst, det danske fodboldlandholds succes med en olympisk sølvmedalje, gav for alvor de danske tv-seere appetit på at investere i et fjernsyn.

Perioden fra 1960 til midten af 1970'erne var på mange måder en succesfuld og uproblematisk periode, hvor programpolitikken hos monopolinstitutionen var drevet af et ønske om at arbejde i en ideologisk sags tjeneste: amatørsportens udbredelse. Selvom amatørprincipperne allerede fra sidst i 1960'erne så småt kom under pres, og sporten både nationalt og internationalt kvalitativt var begyndt at give køb på amatørsportens principper, var det først fra midt i 1970'erne, at dette for alvor begyndte at få konsekvenser for DR's programvirksomhed. I perioden oplevede sporten en konstant vækst i antallet af kvindelige udøvere, men den var dog stadig stærkt domineret af mænd.

I takt med en generel udvidelse af DR's fjernsynsvirksomhed, foregik der også en stille, men stabil vækst i antallet af sportsudsendelser. En vækst, som foregik i konstant samklang med, at programudbuddet som helhed voksede (Søndergaard 2006), men ikke mindst skyldtes, at DR konstant udvidede transmissionsdækningen af både danske og udenlandske begivenheder. Kvalitativt set er perioden frem til midten af 1970'erne præget af en stor stabilitet og kontinuitet i programvirksomheden.[20] Udgangspunktet for tv-sporten var sportens egen begivenhedskalender. Det betød, at man (ligesom det i øvrigt var tilfældet i f.eks. Sverige jf. Reimer 2002) hurtigt fik udviklet en ret fast skabelon, som kom til at udgøre rygraden i dækningen gennem årets 12 måneder – år efter år. Denne begivenhedscyklus fremgår af Fig. 3.

Fig. 3: Begivenhedsskabelon for tv-sportens transmissionsdækning.

1. halvår	2. halvår
World Cup-konkurrencer i skisport EM i kunstskøjteløb VM i kunstskøjteløb Europæisk klubfodboldturnering VM i ishockey The Grand National horse race DM i badminton DM i gymnastik DM i billard DM i bordtennis EM i gymnastik Engelsk pokalfinale i fodbold Engelsk Derby Europapokalfinale i fodbold	Davis Cup tennis Internationale ridestævner i Bernstorffsparken Dansk Galop Derby EM i ridning Wimbledon Tennis DM i svømning DM i roning DM i atletik DM i ridning VM i cykling EM i roning

Figuren er ikke udtømmende, men tegner imidlertid de mest stabile og årligt genkommende elementer i dækningen. Derudover sendte man sommer og efterår transmissioner fra en række fodboldlandskampe og dækkede 3-4 herrehåndboldlandskampe om vinteren.

20. Beskrivelserne af udviklingen i programpolitikken er baseret på en registrant over programmer udsendt i perioden 1951-1957 (Hjarvard og Jespersen), samt egne registreringer af samtlige sportsprogrammer udsendt hvert tredje år i perioden 1961-1985. Registreringen er sket på basis af de officielle og ret fyldige programoversigter, som DR gennem alle årene på ugentlig basis har udsendt til pressen.

Endelig blev de store internationale mesterskaber i fodbold og OL, der begge finder sted hvert fjerde år, dækket indgående. Begivenhedsskabelonen vidner om, at de ideologiske og kulturpolitiske interesser ikke var enerådende, når programpolitikken blev fastlagt. Både underholdningsværdi og pragmatiske økonomiske hensyn spillede en væsentlig rolle, hvilket f.eks. fremgår af, at man har prioriteret sportsgrene og begivenheder, som f.eks. vintersportsgrene som skisport og kunstskøjteløb, der ikke har haft særlig stor udbredelse i Danmark.

Blanding af nationalt og internationalt stof

Den begrænsede økonomi, man trods alt har hos en tv-kanal, hvis potentielle publikum begrænser sig til omkring 5 mio., har sat sit klare aftryk i programudbuddet, hvor programmer fra Eurovisionen og Nordvisionen har fyldt meget. Man kan i forlængelse heraf godt spørge, om det så har betydet, at det efter tv-konkurrencens indførelse blev lettere for nogle af de nye aktører på tv-markedet at bruge udenlandsk sportsindhold til at tiltrække danske seere og få etableret sig på markedet.

Programudvekslingssamarbejdets store betydning fremgår, hvis man ser på forholdet mellem de danskproducerede og de internationalt producerede transmissioner i perioden 1960 til midten af 1970'erne (Fig. 4).

Fig. 4 viser, at antallet af transmissioner var støt stigende i perioden. Figuren viser også, at de internationale transmissioner udgjorde ca. halvdelen af alle transmissioner. Kun en meget lille del af de registrerede internationale transmissioner var danske landskampe på udebane.

Den markante vækst i antallet af transmissioner fra internationale begivenheder fra 1967-1970 hænger i en vis udstrækning sammen med, at der i 1970 var verdensmesterskaber i fodbold. Men den afspejler også, at Tipsfodbold (1969-1978) startede i 1969. Tipsfodbold var bygget op om transmission af én af de fodboldkampe

Fig. 4: Forholdet mellem transmissionsdækning* af danske begivenheder** og internationale begivenheder*** i udvalgte år i %).

År	1961	1964	1967	1970[1]	1973
DK	40	48	53	40	38
Int.	60	52	47	60	62
Total	100	100	100	100	100
N	118	96	99	156	138

* Transmission: direkte, forskudt, sammendrag og uddrag fra samme begivenhed af mindst 20 minutters varighed.
** Danske begivenheder: begivenheder afviklet på dansk grund, gerne med international deltagelse. Danskproduceret.
*** Internationale begivenheder: begivenheder i udlandet, gerne med dansk deltagelse. Dog ekskl. OL. Produceret internationalt og distribueret gennem Eurovision, Nordvision, Intervision og andre.
1) Ud af de i alt 94 internationale transmissioner er de 15 fra VM i fodbold.

i den engelske liga, som var på ugens tipskupon. Transmissionen blev suppleret med en nyhedsservice på tipskuponens øvrige kampe og var en væsentlig fornyelse for de danske sportsseere, idet DR nu for første gang kunne byde på regelmæssig dækning af en af samtidens bedste nationale ligaer. I den forstand er tipskampene et godt eksempel på, at det nationale perspektiv er blevet tilsidesat for et både mere rendyrket underholdningsmæssigt og sportsligt perspektiv.

I 1970 blev der transmitteret 10 engelske kampe i *Tipsfodbold*, og i 1973 var man oppe på 15 kampe. Denne vækst var et første varsel om de følgende års udvikling, hvor tv begyndte at bevæge sig væk fra det alsidighedsprincip, som ellers havde været karakteristisk.

Fig. 5 viser, hvilke fem sportsgrene DR i denne periode sendte flest internationale transmissioner fra, og den synliggør, at fodbold var den mest transmitterede sportsgren. Sidst i perioden kan man dog se, at forskellen mellem fodbolddækningen og dækningen af andre sportsgrene begyndte at vokse markant (Fig. 5).

Fig. 5: Top-5 i udvalgte år, internationale transmissioner: sportsgren (antal transmissioner).

1961	1967	1973
1. Fodbold (15)	1. Fodbold (7)	1. Fodbold (21)
2. Skøjtesport (10)	2. Skisport (6)	2. Skisport (8)
3. Skisport (7)	3. Skøjtesport (6)	3. Skøjtesport (5)
4. Tennis (6)	4. Cykling (3)	4. Cykling (5)
5. Dans/hestesport/ håndbold/cykling (5)	5. Kano/kajak (3)	5. Atletik (4)

Indtil 1973 var man relativt alsidig i sin dækning af internationale sportsbegivenheder, idet forskellen på antal transmissioner fra de forskellige sportsgrene ikke var så stor, og der var en vis variation – selvom vintersportstransmissioner udgjorde en fast ingrediens i top-5. Opmærksomheden skærpedes i forhold til fodbold, men i 1973 var det endnu ikke på bekostning af de fire andre mest transmitterede sportsgrene, som tilsammen stort set opretholdt det samme antal transmissioner.

At DR generelt bestræbte sig på at tilgodese sporten, fremgår med stor tydelighed, hvis man ser på dækningen af dansk sport, som havde en sand guldalder. En opgørelse over transmissionsdækningen i udvalgte år viser, at fjernsynet indtil starten af 1970'erne stille og roligt udvidede dækningen af dansk sport. Det gælder især, hvad angår spredningen på sportsgrene, hvor man udvider dækningen fra 14 sportsgrene i 1961 til 22 i 1973 – uden at antallet af transmissioner er øget dramatisk. Tendensen fremgår af Fig. 6.

Fig. 6: Antal transmissioner* fra sportsbegivenheder i Danmark og antal sportsgrene, i udvalgte år.

År	1961	1964	1967	1970	1973
Antal trans.	47	43	52	62	52
Antal sportsgrene	14	18	15	20	22

*Transmission: direkte, forskudt, sammendrag og uddrag fra samme begivenhed af mindst 20 minutters varighed.

En meget stor del af de danske begivenheder, som DR dækkede, var dog ikke så entydigt 'danske'. Det var landskampe af forskellig art, og det viser, at tv både var stærkt top-orienteret og som nationalt forpligtet institution prioriterede begivenheder, der rummede mulighed for en tematisering af netop det nationale.

Set i et nutidigt perspektiv er det mest iøjnefaldende, at man prioriterede den rene nationale elite højt i sin transmissionsdækning. Det viser sig ved, at DR kontinuerligt øgede antallet af transmissioner fra danske mesterskabsstævner. Hvor man i 1961 kun transmitterede fra 7 forskellige stævner, var det hele 12 forskellige sportsgrenes mesterskabsstævner, som blev transmissionsdækket i 1973.

Dette reflekterer en stærk bestræbelse på at være alsidig ved at tilgodese så bredt et spektrum af sportsgrene som overhovedet muligt og viser, at tv-sporten i høj grad tilrettelagde sin programpolitik under hensyntagen til sportens behov. Ved at fordele dækningen på denne måde fik flest mulige sportsgrene mulighed for at udnytte det visuelle medies evne til at demonstrere sin særlige karakter og dermed tiltrække interesse, potentielle deltagere og tilskuere.

Intensivering af nyheds- og aktualitetsprofilen

Som tidligere nævnt havde magasinprogrammet *Sportsorientering* indtil midten af 1960'erne meget internationalt stof, primært fordi teknikken til reportagedækning i de tidlige 1960'ere var tung. Billede og lyd blev optaget på hvert sit spor, og fremkaldelse og synkronisering lagde et stort tidspres ind, når det drejede sig om at dække døgnaktuelle danske begivenheder. Derfor indgik der i de fleste programmer et direkte studieinterview med en kendt og aktuel sportsperson – simpelthen fordi det var let at producere. Teknikkens begrænsninger betød også, at man måtte udnytte de få muligheder, man havde for at dække indenlandske begivenheder. Indholdsmæssigt kom programmet derfor vidt omkring, og det synes bestemt både af praktiske muligheder og af redaktionelle målsætninger. F.eks. viste man i et program fra 1961 indslag fra to så forskellige arrangementer som et gymnastikstævne og et svæveflyvningsmesterskab – antageligt fordi begivenhederne rent geografisk lå tæt på hinanden i det midt-sydjyske område.

Fra midten af 1960'erne ændrede *Sportsorientering* gradvist karakter, idet teknologien blev fysisk lettere og dermed gav nye muligheder. Programmet var nu ikke så afhængigt af det internationale stof, der derefter blev prioriteret lavere end dansk sport, specielt dansk fodbold vandt indpas med reportager fra dansk klub- eller landsholdsfodbold.

Imidlertid var der ikke tale om systematiske afrapporteringer fra alle kampe i en liga, for man fastholdt ligesom i transmissionerne princippet om at være så alsidig og bredt orienteret som muligt.

Sportsorientering blev i september 1967 suppleret af endnu et nyhedsmagasin, nemlig *Søndagens Sport,* som varede ca. 20 minutter og blev sendt søndag aften efter kl. 21. Dette program var i højere grad et døgnaktuelt nyhedsmagasin, som satte fokus på weekendens sportsbegivenheder og de løbende danmarksturneringer i fodbold, håndbold, ishockey, badminton og andre boldspil. I 1969 blev *Sportsorientering* nedlagt og afløst af endnu et nyheds- og døgnorienteret program, som med den enkle indholdsorienterede titel

Sport blev sendt enten onsdag aften eller lørdag aften. Det centrale er, at etableringen af flere faste ugentlige nyhedsmagasiner betød, at dansk fjernsyns nyheds- og reportagedækning af dansk sport blev langt mere intensiv end tidligere.

Som vi har set, var det de internationale og nationale sportsorganisationers begivenhedskalender, der dikterede dansk tv-sport i perioden fra 1960 til midten af 1970'erne. Kun i meget begrænset omfang blev der sendt programmer, som enten brød med det dominerende aktualitets- og begivenhedsperspektiv, fokuserede på breddeidrætten eller på de dele af idrætten, som ikke var konkurrenceorienterede. Man kan se af programomtalerne, at størstedelen af de ikkekonkurrenceorienterede programmer var introduktioner til forskellige sportsgrene – lavet til børn og unge. I 1964 så man f.eks. *Lær at spille fodbold*. *Harald Nielsen instruerer* (1-6), i 1967 *Velkommen på ishockeybanen* (1-3) og i 1970 *Med ketsjer og fjer* (1-4). Man viste også indkøbte programmer med et vist showpræg, som f.eks. programmerne *Artister og boldjonglører* (1-2, 1961) om Harlem Globetrotters opvisninger i Finland eller sportsredaktionens egne årlige sportskavalkader med højdepunkter fra det forløbne år. Andre eksempler på disse få, atypiske sportsprogrammer var de studiebaserede opvisningsprogrammer, som man i et begrænset omfang producerede indtil sidst i 1960'erne. Herefter gled de ud og blev erstattet af enkeltstående, dokumentariske programmer produceret uden for sportsredaktionens regi om kendte sportsstjerner eller personligheder, som f.eks. den professionelle bokser Tom Jensen, gymnastikinstruktøren Erik Flensted Jensen eller gymnastikpædagogen Helle Gotved.

Den del af idrætten, som især havde (og i øvrigt stadig har) overvejende kvindelige udøvere, nemlig gymnastikken, havde tv dengang et stedmoderligt forhold til. Sportsgrenen havde ganske vist et visuelt udtryk, men var ikke spil-, eller konkurrencestruktureret og matchede derfor ikke tv-mediet på samme måde som traditionel sport. Oplevelsesværdien var af en anden karakter, da den manglede en 'her og nu'-spænding og passede dårligt til de dominerende redaktionelle perspektiver. Gymnastikkens store ud-

bredelse betød ikke desto mindre, at sportsredaktionen følte sig
forpligtet på området og derfor viste 2-5 årlige transmissioner fra
opvisninger rundtom i hele landet.

En mere sammensat programpolitik

I 1968-1969 opstod der en ny programserie, *Sportsrefleks*, som var
et forsøg på rutinemæssigt at gå bag om begivenhederne og lave
en form for baggrundsjournalistik. Programmet, som varede ca. 10
minutter, blev i starten sendt hver uge, senere hver 14. dag og sidst i
perioden kun en gang om måneden. *Sportsrefleks* fik en kort levetid,
men alligevel er programmet interessant, fordi det var det første
systematiske forsøg på at vise sig i en selvstændig og debatterende
rolle. Af DR's interne beskrivelser af programmerne fremgår det,
at man bl.a. tog fat i nogle af datidens idrætspolitiske spørgsmål
og anlagde både historiske og kulturelle perspektiver på sporten.
F.eks. tog man, gennem interviews og debatter aktuelle emner som
professionel fodbold, det hårde spil i fodbold og aftalt spil mel-
lem cykelryttere, op. Men også mere overordnede perspektiver fik
plads i programmet, f.eks. i januar 1969, hvor man satte sportens
administrative anbringelse ved de kommende kommunesammen-
lægninger på dagsordenen. I starten var der også interviews med
kendte sportsstjerner, og disse indslag fungerede som optakt til de
kommende begivenheder. Man ser også, hvordan idrætspolitiske
emner blev behandlet mere indirekte som f.eks i en reportage fra
en lille jysk by, hvor man havde lavet en lokal pengeindsamling, så
en lokal cykelrytter kunne deltage i VM i cykling.

Sportsrefleks vidner om, at der på DR's redaktion fra sidst i
1960'erne var kommet medarbejdere, som ønskede at udvikle mere
traditionelle journalistiske og politiske perspektiver på sporten, og
som ønskede at få en mere selvstændigt formidlende rolle i forhold
til sporten. Baggrunden for det ønske var bl.a. datidens spirende
professionalisering og kommercialisering i sporten og den nye poli-
tiske og offentlige involvering i sporten. Programmets korte levetid

og vigende sendefrekvens viser imidlertid, at denne type initiativ endnu ikke kunne finde fodfæste og få en redaktionel prioritering i forhold til den altdominerende begivenhedsorientering, hvor den redaktionelle strategi overordnet skulle være "vedkommende for idrætten" (Interview med Hans Grønfeldt 2007).

Fra sidst i 1960'erne ser man altså flere varsler om forandringer i den redaktionelle linje, men forandringerne satte sig reelt først igennem fra midten af 1970'erne. Det gælder f.eks. i transmissionsdækningen, hvor de internationale begivenheder i anden halvdel af 1970'erne blev stærkt dominerende, og DR begyndte at slække på alsidigheden i dækningen af dansk sport. Der var nu også et kvalitativt alternativ til Gunnar Hansens indlevende og oplevelsesjournalistiske linje.

DR's tv-sport bliver fra midt i 1970'erne og frem til monopolbruddet i 1988 stærkt præget af, at man får en noget mere sammensat programstrategi – både efter eget ønske og presset af omstændighederne. I kvalitativ henseende er det en meget frugtbar periode, idet man i en bestræbelse på at få en mere aktiv, synlig og selvstændig rolle i forhold til sporten udviklede en række perspektiver, som DR, og de mange nye konkurrenter, sidenhen udviklede og raffinerede i kampen om sportsseerne. DR opretholdt dog også begivenhedsorienteringen og en begejstret loyalitet over for sporten som det dominerende perspektiv.

1970'erne var generelt præget af stærke politiserende og radikaliserende strømninger, og DR kunne ikke sidde de kulturpolitiske diskussioner overhørig. Institutionens hidtidige ureflekterede/umiddelbare dækning af sport kom under et begyndende direkte og indirekte pres, og i et tidligt indlæg i *Danmarks Radios årbog* 1973-1974 kritiserede den kendte sportspersonlighed Knud Lundberg tv-sportens endimensionelle oplevelsesjournalistiske perspektiv og plæderede for en redaktionel linje, hvor en højere grad af saglighed, forstået som sportslig viden og taktisk forståelse, skulle prioriteres. Lundberg mente, at DR kunne nå dette, hvis man i sine nyheds- og magasinprogrammer begyndte at følge turneringer mere konsekvent og systematisk. Indirekte kritiserede

han i sit indlæg sportsredaktionens prioritering af og fortolkning
af alsidighedsprincippet. Men man kritiserede også DR's øverste
ledelse for manglende kritisk perspektiv på sporten. Det blev som
nævnt i kapitel 2 bragt på dagsordenen på et møde i det daværende Radioråd i 1975 (Skovmand, 1975 s. 263), men endte som
et ret spagt indlæg, der ikke udmøntede sig i nogen udfoldet eller
frugtbar debat. Sportschefen på DR, Gunnar Hansen, var med for
at redegøre for den redaktionelle linje, og han var, hvad den senere
generaldirektør Hans Jørgen Jensen kaldte 'en mediemastodont'.
Indblanding fra andre dele af DR – heller ikke ledelsen – var man
ikke vant til. Og der kom heller ikke nogen opfølgning på dette
emne i senere møder i Radiorådet.

Ikke desto mindre blev sportsredaktionen presset indirekte
på de indre linjer i DR, idet man fik stigende problemer med at
blive programsat. Programsætningen foregik på det tidspunkt i et
kollegialt udvalg, og programfladen var styret af, hvad de enkelte
afdelinger valgte at lave programmer om og derfor bød ind med i
udvalget. I dette regi blev det vanskeligere at få ønsker igennem, og
sportsredaktionen fik indirekte kritik, da kulturredaktionen uden
om sportsredaktionen fra udlandet indkøbte kritiske og kulturhistoriske serier om OL og fik dem sendt før OL i München 1972.

Som nævnt gav Gunnar Hansens afgang i 1976 mulighed for
nye udviklinger. Chefskiftet blev fulgt af tildeling af flere ressourcer
(Interview med Hans Grønfeldt 2007). Den nye chef Finn Heiner[21]
kom med krav om fornyelse i dækningen, og vi ser f.eks. i 1978 en
første mere systematisk brug af en ekspertkommentator under
dækningen af VM i fodbold. DR var (antageligt af økonomiske
årsager) sen til at indkøbe ny teknologi til dækning af sport. Da
man skulle dække VM i kunstskøjteløb i København i 1975 og igen
ved VM i herrehåndbold i Danmark i 1978, måtte man i udlandet
leje specialudstyr til at producere langsomme gengivelser (Interview

---

21. I en kort periode havde man en anden chef (Niels Christian Niels-
Christiansen), men hans programlinje rummede ingen fornyelse, og
han blev derfor hurtigt afløst.

med Hans Grønfeldt 2007). Den teknologiske udvikling af bærbart optageudstyr og satellitteknologi sidst i 1970'erne betød,[22] at man nu endelig kunne optage og bearbejde stof i en fornuftig kvalitet, ligesom man kunne modtage mere internationalt stof.

Topbegivenheder og begrænsning i alsidigheden

Fra midten af 1970'erne begyndte internationale udviklinger i sporten indirekte at presse det danske perspektiv i den del af programvirksomheden, som fylder mest: transmissionsdækningen. Mængden af transmissioner fra danske begivenheder varierede gennem årene, men de kom nu som tendens til at udgøre en mindre og mindre del af transmissionsstoffet, der ellers generelt voksede. Specielt danske begivenheder fik vanskeligt ved at blive dækket, når de helt store internationale sportsbegivenheder fandt sted (lige årstal). Udvidelsen af de internationale topbegivenheder pressede et lokalt dansk perspektiv - simpelthen fordi rammerne for redaktionens arbejde ikke blev ændret (Fig. 7).

Den stigende mængde af transmissioner fra internationale begivenheder er en direkte udløber af den kommercialisering, som den internationale sportsverden i denne periode undergik. Man udvidede sine begivenheder af hensyn til de kommercielle samarbejdspartnere. Flere kampe og konkurrencer betød flere transmissioner - og dermed bedre eksponering for annoncører og sponsorer.

I Fig. 8 vises en opgørelse over dækningen af danske begivenheder og spredningen på antal sportsgrene, at den vigende tendens i forhold til dækningen af danske sportsbegivenheder følges af en markant indsnævring i forhold til spredningen på sportsgrene. Hvor man i 1973 spredte sin dækning på 22 sportsgrene, var det begrænset til 13 i 1985 (Fig. 8).

---

22. Kaldes i daglig tale for ENG-udstyr. ENG: Electronic News Gathering.

Fig. 7: Forholdet mellem transmissionsdækning* af danske begivenhe-
der** og internationale begivenheder*** i udvalgte år i %).

År	1973	1976	1979	1982	1985
DK	38	43	40	17	30
Int.	62	57	60	83	70
Total	100	100	100	100	100
N	138	106	99	179	180

* Transmission: direkte, forskudt, sammendrag og uddrag fra samme
begivenhed af mindst 20 minutters varighed.
** Danske begivenheder: begivenheder afviklet på dansk grund, gerne med
international deltagelse. Danskproduceret.
*** Internationale begivenheder: begivenheder i udlandet, gerne med dansk
deltagelse. Dog ekskl. OL. Produceret internationalt og distribueret gennem
Eurovision, Nordvision, Intervision og andre.

Fig. 8: Antal transmissioner* fra sportsbegivenheder i Danmark og antal
sportsgrene, i udvalgte år.

År	1973	1976	1979	1982	1985
Antal trans.	52	46	39	30	53
Antal sportsgrene	22	17	18	14	13

*Transmission: direkte, forskudt, sammendrag og uddrag fra samme begivenhed
af mindst 20 minutters varighed.

Væksten i antallet af transmissioner i 1985 skyldes bl.a., at Dansk
Boldspil Union, efter indførelsen af professionelle tilstande i dansk
fodbold, havde skiftet holdning til tv. I 1985 gav man for første
gang DR lov til at transmittere direkte fra en række danske 1. divi-
sionskampe i fodbold. Med dette arrangement kunne tv's spirende
behov for at imødekomme publikum og udvikle en større sports-
saglighed i dækningen gennem større kontinuitet tilgodeses.

- 95 -

FASCINATION OG FORRETNING

Udviklingen væk fra det hidtil dominerende alsidighedshensyn afspejles ikke mindst i transmissionsdækningen af dansk elitesport. Her blev antallet af transmissioner fra danske mesterskabsstævner skåret kraftigt ned. Hvor DR i 1973 sendte fra 12 danske mesterskabsstævner, sendte man i 1985 kun fra 5.

Det er vigtigt ikke at drage alt for forhastede konklusioner. Ændringerne i tv's transmissionsdækning er ikke et entydigt udtryk for, at dansk tv tabte interesse for dansk elitesport. Netop nyt optage- og redigeringsudstyr gav bedre muligheder for at udvikle en mere selvstændig journalistik, og det fremgår bl.a. af, at man i samme periode i større udstrækning begyndte at dække danske begivenheder i kortere reportager. Tendensen til selv at bearbejde og vinkle stoffet satte sig også igennem i forhold til det internationale stof. Teknologien var med andre ord befordrende for, at man i højere grad valgte egne perspektiver på sport. I stedet for at sende fulde transmissioner eller uddrag fra begivenheder, valgte man fra midten af 1970'erne at sende kortere programmer, hvor man havde klippet højdepunkter sammen fra f.eks. en hel spillerunde i de europæiske klubturneringer eller fra længere cykelløb.

Bevægelsen fra en entydigt afspejlende og begivenhedsorienteret programlinje viser sig mest markant i udsendelsen af en lang række enkeltstående dokumentariske sportsprogrammer. Redaktionen havde tidligere produceret enkelte tema-orienterede programmer, men i årene 1973-1977 dukkede især baggrundsjournalistiske programmer op. Det gælder fx *Pludselig gjorde det ondt* (1975), *En dag i en gymnastik- og idrætsforening* (1973), *Udviklingskommunen og idrætten* (1974), *Forsvar, angreb og parade* (1975) og *Professionel fodbold i Danmark* (1976), hvor flere af ideerne fra magasinet *Sportsrefleks* blev brugt og videreudviklet i nye, selvstændige og debatskabende perspektiver på centrale idrætspolitiske emner som f.eks. idrætsskader, foreningsarbejde og økonomi. I andre programmer blev der lagt historiske eller skæve vinkler på sportsbegivenheder, det gælder programmer som *Fodbold uden bold* (1974) og *Kjøbenhavns Boldklub fylder 100 år* (1976). Der blev også lagt op til begivenheder med stjerneportrætter som f.eks. i *Drømme om Europamesterskabet*

(1976), og redaktionen forsøgte at dække nogle af de nye aktiviteter og tendenser, f.eks. med *Trim – en daglig hjertestyrkning* (1975), *Idræt på jobbet* (1977) og *Man bliver bidt af det.* En reportage om årets *Hærvejsmarch* (1976). Yderligere ser vi her for første gang enkelte kritiske programmer om negative sider ved den fremspirende kommercielle og professionaliserede eliteidræt: *Idrættens baggård* (1976), *Idræt på godt og ondt* (1976).

Større selvbevidsthed

En central fornyelse i programpolitikken var programmet *Sportslørdag*, der blev sendt første gang i 1979 og de følgende 10 år var kernen i DR's sportsdækning. Programmet blev til på initiativ af den nye chef, Finn Heiner, efter inspiration fra det britiske BBC-producerede program *Grandstand*, der primært bestod af transmissioner, som blev flettet sammen fra studiet og tilsat korte nyheder og resultater (Interview med Claus Borre). *Sportslørdag* var dog ikke en direkte kopi af *Grandstand*, hvilket hang sammen med, at DR's sportsredaktion ville bruge programmet til at realisere journalistiske ambitioner. Ideen med *Sportslørdag* var at få etableret en fast programmæssig ramme, hvor man kunne bringe direkte transmissioner og andre typer journalistisk baggrundsstof (Interview med Claus Borre). Programmet blev sendt hver lørdag eftermiddag ca. kl. 15-18 i vinterhalvåret, og det dannede ramme om nogle af den type historier, som i midten af 1970'erne var blevet formidlet enten i enkeltstående programmer eller gennem kortere indslag i nyhedsmagasiner.

I starten var *Sportslørdag* primært bygget op omkring transmission af den engelske tipskamp. Den direkte transmission blev typisk mikset med uddrag fra en eller to andre udenlandske eller danske begivenheder. Allerede i sin anden sæson fik programmet et ansigtsløft i retning af en mere selvstændig journalistik med fokus på det sportssaglige, det danske og kontakt til seerne. Man indførte faste indslag under rubrikkerne: "Ugens gæst" og "Spørg om engelsk fodbold", der senere blev ændret til "Spørg om sport". Og man bragte nyheder og baggrundsreportager, som til tider havde karakter af at være små dokumentarprogrammer, da nogle af dem varede 30-40 minutter.

I starten af 1980'erne, hvor konkurrencen fra udenlandsk tv for alvor begyndte at vise sig, betød *Sportslørdags* beslaglæggelse af hele lørdagens eftermiddagssendeflade i fem måneder i vinterhalvåret, at programmet blev mere seerorienteret for at legitimere programmets omfang. Det satte samtidig gang i en mediemæssig 'bevidstgørelse', i form af en mere reflekteret brug og synliggørelse af studie og studievært, som nu skulle etablere sammenhængen mellem flere forskelligartede typer af indslag og samtidig sikre kontakten til et mere sammensat publikum.

Indholdsmæssigt betød seerorienteringen, at *Sportslørdag* i nogle udsendelser bevidst bød på et mere 'kvinde- og familievenligt' program med transmissioner fra f.eks. isspeedway, kunstskøjteløb, latinamerikansk dans og rytmisk sportsgymnastik ved siden af fodboldtransmissionerne (Interview med Claus Borre). Og fra 1982 udviklede programmet sig i retning af et journalistisk underholdningsprogram, idet quizzer mellem kendte danske sportsstjerner, tilknyttede seerkonkurrencer, brevkasser og 'ønske-koncerter' blev præsenteret inden for samme programramme som transmissioner og seriøse journalistiske indslag om f.eks. revision af fritidsloven. Men allerede fra midten af 1980'erne forsvandt disse show- og underholdningselementer fra programmet, dels fordi redaktionen rent faktisk begyndte at løbe tør for ideer, dels fordi man internt i DR blev kritiseret for netop denne nye blanding af journalistik og underholdning, der af mange blev anset for underlødig (Interview med Claus Borre). I stedet begyndte man at fokusere på at dække danske begivenheder. I foråret 1985 kunne seerne derfor for første gang opleve direkte transmissioner fra en række 1. divisionskampe i herrefodbold. I forbindelse med disse transmissioner eksperimenterede man med at give programmet endnu et ansigtsløft – bl.a. ved at flytte studiedelen ud på stadion.

Eksperimenterne med at sende dansk klubfodbold og *Sportslør-*

dag fra de danske fodboldstadioner i midtfirserne hænger sammen med udviklingen i dansk fodbold. Ved slutrunden om Europamesterskabet i herrefodbold i Frankrig i 1984 fik dansk landsholdsfodbold sit internationale gennembrud, og det affødte en fornyet mediemæssig interesse for dansk klubfodbold.

I takt med det danske fodboldlandsholds sportslige succes udviklede DR's transmissioner sig, og interessen for stoffet blev rekordstort. Tv blev i 1980'erne et centralt omdrejningspunkt i en fælles national begejstringsbølge omkring det danske herrefodboldlandshold. Begejstringsbølgen fik sit symbolske udtryk gennem både tilskueres og tv-seeres selviscenesættelse som fredelige, men festlige, rød-hvide vikinger, når der var landskamp. Tv-transmissionerne blev omdrejningspunktet i en meget omfattende mediedækning, og sportsbegivenheden blev til en mediebegivenhed. For første gang ser vi, at sport var i stand til at flytte faste programmer på tv og rydde avisernes forsider. Medierne var med til at etablere en bevægelse, hvor man på meget synlig vis dyrkede og iscenesatte en 'danskhed' via de danske 'roligans', som, meget karakteristisk, blev defineret i modsætning til 'voldelige' engelske fodboldfans, 'hooligans'.

I transmissionerne fra kampene var tv som noget nyt parat med optakter fra studiet og endog med selvstændige optaktsprogrammer med interviews, analyser og reportager dagen før kampen. Disse elementer er senere blevet standard i især fodbolddækningen.

Ved dækningen af EM-slutrunden i Frankrig i 1984 deltog den tidligere fodboldspiller og træner Tommy Troelsen som fast ekspert i studiedelene, hvor han analyserede kampene ud fra taktiske og tekniske perspektiver. På den måde tilførte han transmissionerne nye oplevelsesdimensioner. Den massive brug af 'eksperten i studiet' er udtryk for en ny form for profilering af mediet selv, og samtidig viser det en markant satsning på at supplere den ukritiske begejstringsjournalistik med den form for sportssagligt indblik, som Knud Lundberg havde efterlyst ca. 10 år tidligere.

Med *Sportslørdag* havde man således fået gode rammer for at præsentere baggrundsstof, men i starten af 1980'erne sendte man også enkelte selvstændige programmer om f.eks. sportsudøvere, foreningsidræt og handicapidræt. Ligesom det var tilfældet med hovedparten af de dokumentariske programmer i midten af 1970'erne, forholdt programmerne sig ikke eksplicit til sporten selv. Men fra midten af 1980'erne dukkede en række programmer op, som blev lanceret som en samlet programserie under titlen *Sportstema*.

Sportstema var en vifte af forskellige programmer, der dog havde det til fælles, at de satte fokus på problemstillinger i sporten, og at de forholdt sig mere traditionelt, journalistisk kritisk til f.eks. elitesport og sportens organisationer. Udgangspunktet for programmernes journalister, Ole Larsen og Klaus Hansen, var, at man skulle "bruge almindelige journalistiske dyder på sport" (Interview med Ole Larsen 1994), og det var tydeligt, at journalisterne ønskede at gøre op med den loyale, passive afspejling af sport og selv ønskede at sætte en dagsorden. Programmerne blev sendt i perioden 1985-1988 med skiftende intervaller, og der var relativt langt imellem dem.

Sportstema-programmerne adskilte sig også på andre måder fra tidligere forsøg på at lave baggrundsjournalistik. Først og fremmest brugte man her studiet og de tv-mæssige udtryksformer langt mere aktivt. F.eks. arrangerede man i *Elitens børn* (1987) idrætsfysiologiske tests i studiet og havde, som noget nyt, to studieværter. I det hele taget var programmerne udtryk for en langt mere aktiv og kritisk journalistik.

Kamp om sportsseerne og alsidighedens korte genkomst

Med konkurrencesituationen efter 1988 blev sportsdækningen hurtigt præget af en konsekvent publikumsorientering. Allerede før monopolbruddet havde DR dog demonstreret en voksende lydhørhed over for kritik af sportsdækningen. Det viste sig f.eks. ved ansættelsen af den første kvindelige journalist, Karin Palshøj,

i februar 1988. Selvom man havde en kvindelig producer og pro-
ducerassistent på redaktionen, var Karin Palshøj den første synlige
kvinde på redaktionen, idet hun overvejende skulle fungere som
studievært. Den symbolske værdi ved at få brudt mandsmonopolet
på tv-sportens område var så stor, at Karin Palshøj i 1992 fik *ALT*
for damernes kvindepris for at have brudt barrieren.

TV 2 genoptog og finpudsede nogle af de underholdende per-
spektiver, som blev udviklet på *Sportslørdag* i starten af 1980'erne,
samt de journalistisk, kritiske perspektiver fra *Sportstema*-pro-
grammerne sidst i 1980'erne. 1990'ernes tv-sport bød således på
en markant udvikling af sportsstoffets underholdningsmæssige
potentiale. Men også de kritiske og analytiske perspektiver blev
udviklet, så dækningen som helhed blev mere sammensat.

I første omgang betød tv-konkurrencen, at udviklingen i retning
af en mere og mere begrænset transmissionsdækning af f.eks. dansk
sport blev bremset. Alene i kraft af at der nu var to kanaler til at
dække danske begivenheder, fik dækningen automatisk et løft i
form af flere transmissioner og en bredere dækning (Fig. 9).

Fig. 9: Udviklingen i dækningen af danske sportsbegivenheder: antal trans-
missioner/antal sportsgrene (ekskl. dansk fodbold).

	1989	1990	1991	1992	1993	1994	1995	1996
TV 2	40/15	38/15	24/11	14/7	20/8	14/7	11/5	12/5
DR1	28/10	35/13	31/9	25/8	34/11	30/9	26/6	41/7

Kilde: Team Danmark.

TV 2 lagde meget bredt an og forsøgte helt bevidst at tage ud-
gangspunkt i de nye aktivitetsformer og mønstre, som havde ud-
viklet sig i 1980'erne. Det viste sig bl.a. i transmissionsdækningen,
hvor TV 2 i de tidlige år var mere alsidig end den gamle mono-
polkanal, idet man frimodigt kastede sig over transmissioner af
utraditionelle sportsgrene som f.eks. triatlon og trampolinspring.

Det skyldtes også, at man ikke havde rettigheder til de mere traditionelle begivenheder. Samtidig betød transmissioner fra speedway, boksning, ishockey og sportsdans, at TV 2 fik en mere action- og showorienteret profil. Med transmissioner fra den spanske og italienske fodboldliga formåede kanalen at forny det meget centrale fodboldstof i dansk tv-sport. Og ved at ansætte kendte fodboldstjerner fra 1980'ernes landshold, som Frank Arnesen og Preben Elkjær, som medkommentatorer, forsøgt man helt bevidst at tilføre transmissionerne en ny form for underholdningsværdi (Interview med Morten Stig Christensen og Ole Larsen 1994). Alsidigheden blev dog hurtigt indsnævret, idet kravet om høje seertal blev skærpet – både på DR og på TV 2. I første omgang var det etableringen af en ny superliga i dansk herrefodbold og TV 2's opkøb af senderettighederne hertil i 1991, som affødte den markante forandring i især TV 2's transmissionsdækning af dansk idræt. Fra starten af 1990'erne gik kanalen således over til at satse på det store og sikre, og det gjaldt om at få mest mulig programtid ud af de dyrekøbte superligarettigheder. Danmarks Radios modsvar til TV 2's satsning på dansk fodbold var som nævnt i forrige kapitel transmissioner fra håndbold, som fra starten af 90'erne blev denne kanals flagskib.

Da der i sidste halvdel af 1990'erne kom konkurrence fra en ny kant, fra MTG (TV3 og TV3+) og SBS (TvDanmark indtil 2007), ProSiebenSat.1 Media (fra 2007 med Kanal 5 og 6'eren) og TV4/More (fra 2009 med Kanal 9), og de alle viste sig at satse på sportsstof, er polariseringen af dækningen i transmissioner blevet cementeret. De nævnte kommercielle kanaler har stort set alle satset på dækning af både dansk og international fodbold og håndbold. I perioden 1993-2005 fik fodbold 29 % af den samlede sendetid, håndbold 14 % og cykling 13 % på de 7 største tv-kanaler i Danmark (DR1, DR2, TV 2, TV 2 Zulu, TV3, TV3+ og Kanal 5) (Hedal 2006, Storm & Brandt 2008). En modvægt til udviklingen har været et mere varieret udbud af sportsprogrammer på mindre kanaler, som den danskejede satellitkanal DK 4, TV 2 Sport og de kommercielle Eurosport 1 og 2.

Mønsteret har været præget af en overvejende satsning på det sikre. Programudbuddet er således kun til en vis grad blevet markant mere varieret i kraft af en spredning på sportsgrene. Og kanalerne forsøger at brande sig ved at tilbyde seerne forskellige udgaver af samme sportsgren: både dansk og udenlandsk ishockey, dansk og udenlandsk basketball, dansk og udenlandsk fodbold, dansk og udenlandsk håndbold etc. Endelig er der en tendens til, at rettighedshavere til centrale rettigheder, som f.eks. dansk super-ligafodbold, dansk ishockey og dansk håndbold, sender ugentlige programmer med reportager, nyheder og debat i studiet, der fun-gerer som optakt til kanalens dækning af den kommende spille-runde eller opsamling på netop overståede kampe (*Hockeyugen*, TV 2 Sport, *HåndboldDebatten*, TV 2 Sport, *Onside* og *Onside.dk Update* på TV3+). De danske seere får dermed mere tv om de samme be-givenheder og sportsgrene.

Underholdning og analyse

Håndboldkvinderne fik deres store tv-mæssige gennembrud i 1993, hvor det danske damelandshold fik sølvmedalje ved verdensmester-skaberne i Norge. Det var startskuddet til en stor eksponering af damehåndbold, især på landsholdsplan, hvor den internationale succes var klar. Transmissionerne undergik i denne forbindelse en markant kvalitativ udvikling, så både det analytiske og under-holdende element blev styrket på billed- og lydside. En tættere og mere dynamisk klipning gav sammen med flere vinkler, flere slow-gengivelser og inddragelsen af den tidligere landsholdsspiller Per Skaarup som analytisk, systemorienteret ekspertkommentator indtryk af, at man arbejdede med en helt ny form for dækning. Transmissionerne blev produceret af et specialiseret team, hvoraf flere havde et indgående kendskab til spillet. Og idemæssigt var drivkraften bag denne tv-æstetiske satsning produceren, Henrik Saaby, som efter et studieophold i USA sidst i 1980'erne havde eksperimenteret med danske basketballtransmissioner.

Det danske damehåndboldlandshold fik sit internationale gennembrud på et heldigt tidspunkt. Herrernes fodboldlandshold havde vundet EM i Sverige i 1992, men i efteråret 1993 mislykkedes det for holdet at kvalificere sig til VM-slutrunden i USA 1994. Der var med andre ord et oplevelsesmæssigt tomrum hos seerne, som DR satsede på at fylde ud. Damehåndboldens store succes og tv-publikummets store og vedholdende begejstring for de nye aktører på mediescenen betød, at damehåndbold i en periode i 1990'erne brød mandsmonopolet og overtog rollen som det fælles nationale samlingspunkt. På lang sigt betød dette gennembrud, at tv's og publikums interesse for dansk klubhåndbold voksede betragteligt, og at dansk håndbold især i sidste halvdel af 1990'erne undergik en stærk kommercialisering og professionalisering.

TV 2 satsede også stærkt på at udvikle de underholdende aspekter ved sportsstoffet. Det kom til udtryk i det underholdende magasinprogram, *Sport i 2'eren* (1989-1993), som blev sendt søndag aften kl. ca. 20.15 og lagde grunden til TV 2 Sportens store popularitet. Programmet var studiebaseret og blandede liveindslag fra studiet med sportsreportager. Dets eksplicitte inspirationskilde var den tyske tv-kanal ZDF's mangeårige sportsmagasin *Das Aktuelle Sport-Studio,* som man tog til Tyskland for at overvære produktionen af (interview med Morten Stig Christensen 1994). Men programmet havde rødder tilbage til *Sportslørdag*s blanding af journalistik og underholdning, hvilket måske hænger sammen med, at den første chef for TV 2 Sporten (senere programchef Jørgen Steen Nielsen) havde været med til at udvikle *Sportslørdag.* ZDF-inspirationen fremgik af programmets styrkelse af showdimensionen, idet der var publikum i studiet, og studiet blev brugt til demonstrationer, interviews, opvisninger, konkurrencer og lignende andre gags, som henvendte sig til andre end de specifikt sportsinteresserede. *Sport i 2'eren* blev overvejende bygget op ud fra et ønske om at fastholde seere gennem variation og dynamik. Det udnyttede endvidere mediets visuelle muligheder til at skabe sammenhæng i et magasinprogram via studiet. Ud over at tiltrække publikum og aktiviteter blev dets scenografi ændret fra udsendelse til udsendelse og tematisk afstemt i forhold til programmets indhold eller til årstiden, ligesom studieværtsfunktionen i højere grad blev til en showmasterfunktion. Til at varetage denne rolle ansatte man som et andet nyt tiltag den kendte sportsstjerne Morten Stig Christensen.

Konkurrencen om seerne betød helt generelt, at grænserne mellem sport, kultur, underholdning og et bredere 'kropskulturelt' felt i 1990'erne blev udvisket både på DR og på TV 2. Vi ser det i f.eks. stærkmandskonkurrencer og flere kortere programserier, som både TV 2 og DR med jævne mellemrum bragte i årene efter *Sport i 2'eren*s nedlæggelse (*SøndagsDunk* (1995-1996), *Aerobic på Tværs* (1995-1997), *Dans på Tværs* (1992-). De to sidstnævnte programmer havde klare paralleller til tv's barndom, hvor mediet selv dannede ramme for fremvisningen af sporten, med opvisninger og organisering af konkurrencer i studiet. Nu var det dog ikke længere tekniske begrænsninger, men mediets behov for at kunne udnytte sportens underholdnings- og fascinationsværdi uden alt for store publikumsmæssige risici, der betød, at man i større omfang forsøgte at påvirke eller arrangere de sportslige begivenheder. Med en stigende kommercialisering og professionalisering var flere i sporten nu også indstillet på at indrette sig efter mediets krav. De fælles intentioner om at få fat i publikum resulterede bl.a. i udviklingen af TV 2-programmet *Stjernetræf* (1989-2010). Programmet, som med betydelige mellemrum har kørt som korte serier siden 1989, blev til i et tæt samarbejde mellem Team Danmark og TV 2. Det var underholdning, hvor etablerede danske sportsstjerner konkurrerede i uvante, fysisk og mentalt krævende discipliner, hvor der er hentet direkte inspiration i 1990'ernes ekstremsport og 1980'ernes militært og fysisk prægede overlevelseskurser.

Grænserne mellem kultur og sport udfordrede TV 2 især op gennem 1990'erne, hvor de i tilknytning til en omfattende transmissionsdækning af f.eks. Tour de France, OL og VM i herrehåndbold lavede magasinprogrammer, hvor reportager om mad, kunst og livets gang fra sportsbegivenhedernes lokaliteter stod centralt. Sammen med kunstneriske udsmykninger af studiet var det elementer, der dels var nyskabende, dels havde til hensigt at udnytte dyrt indkøbte rettigheder til også at udvikle sportsprogrammer, der kunne fungere bedre i forhold til public service-kanalens bredere primetimepublikum.

Specialmagasinet dukker op

TV 2's erhvervelse af rettighederne til den nye danske superliga i 1991 affødte en programmæssig nyskabelse: specialmagasiner, der, til forskel fra alle forudgående magasinprogrammer, ikke var et allround nyhedsprogram, men netop et program med specielt fokus på en enkelt sportsgren.

Det første magasinprogram var *Superfodbold* (1991-1996), som blev sendt tidligt søndag aften og gennem længere reportager dækkede weekendens kampe og stillinger i superligaen, men også formidlede nyheder og resultater fra international fodbold. Det karakteristiske ved disse specialmagasiner er, at de ofte knytter sig til de eksklusivrettigheder, som en kanal har. De er dermed et element i den branding, som tv ønsker at udnytte rettighederne til.

Efter at rettighederne til at dække dansk topfodbold i 1998 overgik til TV3, blev fodboldmagasinet udviklet i mere underholdende retning i søndagsprogrammet *Onside* (1998-). Programmet havde fra 1999 den kendte fodboldspiller Jacob Kjeldberg som vært og var en blanding af journalistik og show som *Sport i 2'eren* – men nu med fodbold som omdrejningspunkt. *Onside* undergik i løbet af kort tid flere forandringer, da netop denne blanding viste sig vanskelig at håndtere, for fodboldstoffets kerneseere og opinionsdannere brød sig ikke om de underholdende elementer. En af de seneste markante programmæssige nyskabelser kom fra Viasat Sport, der i perioden 2003-2008 hver mandag aften sendte fodboldprogrammet *Det' bare fodbold* (2003-2008). Programmet var bygget op som et talkshow, hvor de to værter, Carsten Werge og Per Frimann, havde aktuelle gæster i studiet. Indholdsmæssigt fokuserede disse interviews på tekniske og taktiske aspekter ved spillet, men interviewstilen lænede sig kraftigt op ad fodboldkulturens maskuline humor og særlige 'omklædningsrumsjargon', og scenografisk var studiet tilnærmet en yngre fodboldinteresseret målgruppe: knaldrøde lædersofaer, kulørte klubdragter, rod på sofabordet og tømte øl- og vinflasker. Under programmet kunne seerne ringe eller maile ind og stille spørgsmål til gæsterne. Denne direkte kontakt mellem gæster og seere blev der fulgt op på efter programmet, hvor man kunne fortsætte dialogen på programmets hjemmeside. Denne nye blanding af talk og sport med kendte sportsfolk og opinionsdannere i studiet blev senere fulgt op i *Fodbold for fan'* (også TV3+).

Satsningen på denne cocktail er i de seneste år blevet videreudviklet i programmer som *Huttelihut* (2009-) på TV 2 og senest i *HåndboldDebatten* (2011-) på TV 2 Sport. Især det sidste program ser dog ud til at have en ambition om at nedtone det underholdende til fordel for en journalistisk styret analyse og debat, så disse programmer kommer tættere på at være rene debatprogrammer, hvor også strukturelle forhold i håndboldsporten kan blive diskuteret.

Aktualitet og baggrund

Parallelt med udviklingen af de underholdende aspekter bød 1990'erne også på en styrkelse af en mere kritisk, debatterende og baggrundsorienteret journalistik. Det er dog overvejende noget, som har fundet sted inden for rammerne af DR og TV 2. I første omgang viste ønsket om at styrke denne del af journalistikken sig på TV 2, som fra start gjorde baggrundsjournalistikken til en del af sin rutinedækning. Det skete gennem faste allround magasinprogrammer (*Sportsmagasinet* (1988-1990), *Sport på Tværs* (1991-1993)), der indtil midten af 1990'erne fik en central placering i sendefladens primetime. Programmerne var tilrettelagt af Ole Larsen og lå i forlængelse af hans *Sportstema*-programmer på DR. Ud over de idrætspolitiske emner lagde man nu også alternative oplevelsesjournalistiske vinkler på sporten, og programmerne beskæftigede sig langt mere vedholdende med breddeidrætten end tidligere set. De var tænkt som et bevidst alternativ til den traditionelle sportsdæknings fokus på rekorder, knockouter og mål, men blev ressourcemæssigt for krævende og derfor nedlagt i 1993 og afløst af mandagsmagasinet *Sport i 2'eren* og fra 1994 af magasinprogrammet *Illustreret Sport* (1994-1998). Disse programmer var af en mere svingende og broget kvalitet, bl.a. fordi de var afhængige af redaktionens øvrige programmæssige aktiviteter.

Efterhånden som sportens begivenheder var vokset i antal og blevet spredt over hele ugen, følte de danske tv-kanaler behov for at få etableret en daglig sportsnyhedsformidling. TV 2 indførte som den første kanal daglige sportsnyheder i efteråret 1992. Den skærpede konkurrence om seerne betød dog, at denne form for traditionel sportsformidling med fokus på aktualitet og resultater fra traditionel elitesport, måtte placeres yderligt i sendefladen for ikke at skræmme for mange seere væk. *Sportsnyhederne* blev derfor programsat i et selvstændigt program i den sene ende af primetime, umiddelbart efter de sene nyheder kl. 22.15. Ganske kort tid efter begyndte DR også med at sende daglige sportsnyheder. Her fik de dog i de første år en lidt turbulent tilværelse, da man havde svært ved at finde ud af, om de skulle præsenteres selvstændigt eller være en del af *TV-Avisen*. De endte dog med at blive en integreret del af DR's tidlige *TV-Avis* kl. 18.30 og nyhedstimen kl. 21.00. I 1994 tog TV 2 konsekvensen af problemerne med, midt i den daglige nyheds- og begivenhedsstrøm, at få tid til baggrundsstoffet, og man ansatte en tidligere journalist fra *TV-Avisen*, Henrik Madsen, til at producere enkeltstående kritiske dokumentarprogrammer om sport. I de følgende år fulgte en række dokumentarprogrammer om lyse og mørke sider i dansk og udenlandsk sport (*Ånden fra Coca-cola* (1994), *Sportsriget* (1996), *Heste sladrer ikke* (1997), *Sportsjournalister til salg* (1998)). Set i forhold til 1970'ernes og 1980'ernes baggrundsprogrammer var disse programmer kendetegnet ved en mere vedholdende sagsorienteret og kritisk ambition. Der var dog også dokumentarprogrammer uden kritisk brod, hvor det drejede sig om at komme bag om begivenhederne og få indsigt i f.eks.

træningsmetoder (*Bjarne, benene og bjergene* (1997)). DR's sportsredaktion fulgte i sidste halvdel af 90'erne efter med lignende tiltag og var, ikke mindst med de afslørende dokumentarprogrammer *Tavshedens Pris* 1-3 (1999) og *Danskerlægen* 1-2 (2000) tilrettelagt af journalisterne Olav Skaaning Andersen og Niels Christian Jung, med til at tilføre dansk tv-sport en ny form for journalistisk prestige.

Med programmet *Lige på og sport (LPS)* (1998-2010) gjorde TV 2 igen baggrundsstoffet til en del af sin rutinedækning. Programmet blev sendt torsdag i den sene ende af primetime, men var motiveret af behovet for en kritisk forholden sig til en kommercialiseret sportsverden. Her blandede man reportager, studieinterviews og forbrugerindslag med chat mellem studiegæster og seere. Programmet droppede forbrugerindslagene, men fastholdt bestræbelsen på at komme bag om begivenhederne. I nogle tilfælde dannede programmet således ramme for udsendelse af længerevarende kritiske dokumentarprogrammer (*Sandies Paradis* (2002), *Husker du Sandie?* (2003)).

Der er ingen tvivl om, at dansk tv-sport i perioden 1951-2010 har undergået endog meget store forandringer, og mediet har selv været en af hovedkræfterne bag dette. I grove træk kan man måske endda sige, at indførelsen af tv-konkurrencen og opsplitningen af publikum i dette årtusinde dels har medført en satsning på det sikre i transmissionsdækningen, dels har givet forrang for det mere 'nørdede' og sportsspecifikke i den journalistiske dækning. I den optik kan dansk tv-sport i dag godt ses som præget af en vis form for konservatisme, hvor konkurrencen har givet mindre plads til de programmæssige eksperimenter drevet af journalistiske ambitioner eller lyst til at tiltrække andre typer af seere.

HVOR POPULÆRT
ER TV-SPORT?

I beskrivelserne af programudviklingen er det tydeligt, at dansk tv-sport i løbet af de mange år ikke overraskende har undergået væsentlige forandringer. I dette kapitel skal vi se lidt nærmere på, hvordan mønstrene i og bag seningen ser ud. Hvor populære er programmerne sammenlignet med andre tilbud på tv, hvem er seerne, og er der forskelle på, hvilke typer af sportsindhold seerne foretrækker?

De foregående kapitlers pointering af, at sportsprogrammerne har fået stor strategisk betydning for en række tv-kanaler, kan give anledning til lidt misvisende forestillinger om tv-sportens reelle gennemslagskraft hos seerne. Det samme kan tv-stationernes egen kippen med flaget i offentligheden, når det indimellem lykkes at samle millionpublikum til transmissioner fra store internationale begivenheder. Der er imidlertid stor forskel på sportsstoffets tiltrækningskraft alt efter begivenhed og sportsgren.

Danskernes sportssening: del af et større mønster

Udbuddet af sportsprogrammer er nærmest eksploderet, men man kan ikke sige, at det også er tilfældet med seningen. Tv-sening og interessen for sport er relativt stabile størrelser, og selvom danskerne får et større udbud af tv og sportsprogrammer at vælge imellem, bliver den tid, de har til rådighed til at se tv, i principielt ikke forøget. Den tid, som tv i dag lægger beslag på, er typisk hentet fra andre typer fritidsaktiviteter, f.eks forbruget af aviser og andre trykte medier, eller den deles med andre medier, som når seere 'multitasker' i deres mediebrug. At se transmissioner fra danske

superligakampe på tv, samtidig med at man bliver liveopdateret
på en række europæiske klubkampe på internettet og sms'er med
venner om kampene på mobilen, er en af de nye, mere komplekse
former for mediebrug, som først nu begynder at blive systematisk
belyst i forskningen.

Den gennemsnitlige seer brugte i 1964-1969 dagligt ca. 1 time
og 45 minutter på at se tv. I 2000-2002 var dette tal steget med
en lille time til ca. 2 timer og 42 minutter, og i 2009 rundede det
gennemsnitlige forbrug for første gang 3 timer dagligt for efterføl-
gende at sætte ny rekord med 3 timer 21 minutter i 2010. Selvom
det kan forekomme at være meget, har det danske tv-forbrug i
mange år ligget i bunden internationalt set (Nielsen & Halling
2006: 353). Dog har de seneste års rekordstore forbrug af mediet
flyttet de danske seere pænt væk fra den absolutte bund i en euro-
pæisk sammenhæng. I perioden 1993-2002 udgjorde sportssenin-
gen ca. 8-10 % af danskernes samlede tidsforbrug på tv (Nielsen
og Halling 2006: 349), og det er helt på niveau med f.eks. tyske
seeres forbrug af tv-sport (Zubayr & Gerhard 2004). Overordnet
ser forbruget ud som i Fig. 10.

Fig. 10: Forbrug af sportsprogrammer i den danske befolkning 3 år +/ –
opgjort i tre tidsperioder.

Årligt forbrug pr. dansker 3+	
Periode	Timer
1996-2000	5.328
2001-2005	5.371
2006-2010	5.064

Kilde: Gallup TV-meter.

Tallene dækker over meget store udsving, men det er værd at hæfte
sig ved, at det store spring, som vi i forrige kapitel kunne konstatere
i programudbuddet omkring 2001-2002, ikke kan genfindes i et

tilsvarende spring i det generelle forbrug af tv-sport. Tværtimod viser figuren, at forbruget overordnet set er faldende sidst i perioden. Tallene dækker over mange forhold. For den inkarnerede sportsseer vil forbruget være meget større end angivet i figuren, hvor seningen netop er fordelt ud på alle danskere. For denne type sportsseer vil det forøgede udbud antageligt have givet anledning til en væsentlig forøgelse i forbruget. For andre seere vil forbruget være næsten lig med nul timer. Det er nemlig også et karakteristisk træk ved tv-sport, at stoffet altid har haft en særlig evne til at polarisere publikum i to næsten lige store blokke. Allerede i nogle af DR's første undersøgelser af sening af dansk tv-sport i 1980'erne kunne man konstatere, at "halvdelen af den danske befolkning er idrætsinteresseret" (Marosi 1983: 4), og at denne interesse – ikke overraskende – er den vigtigste parameter for, om man vælger at se sport på tv (Møller 1986: 81). Og det viser sig også i dag, hvor vi har et helt andet mediebillede med en masse nye valgmuligheder. I 2010 var der således ca. 40 % af danskerne, som erklærede sig meget lidt eller slet ikke interesseret i at se sport på tv (Index DK/ Gallup Marketing HH 2010). Den gruppe har i den nye multikanalsituation fået langt bedre muligheder for at vælge stoffet fra – og samtidig er antallet af tv-apparater i de enkelte husstande vokset betragteligt. Så både et øget programudbud og øget antal tv-apparater er medvirkende til at give den enkelte seer bedre muligheder for at prioritere egne, individuelle programinteresser.

Tv har hidtil spillet en væsentlig rolle som socialt samlingspunkt i mange hjem. Her har tv haft en unik oplevelseskvalitet sammenlignet med f.eks. de trykte medier, hvor forbruget er en individuel aktivitet. Vi ser det ikke mindst, når det drejer som om sportsseningen. Det er tankevækkende, at faldet i forbruget af tv-sport er sammenfaldende med de sociale mediers gennembrud. Med disse medier har den enkelte nu fået nye muligheder for socialt samvær i hjemmet, idet man kan vælge at være social med grupper, der sidder uden for ens eget hjem. I både danske og internationale undersøgelser har man jævnligt spurgt til befolkningens interesse for at se sport på tv, og her viser det sig, at omkring 40-45 % af befolkningen har en erklæret positiv interesse i at se sport på tv (Møller 1986, Rühle 2003, Hedal 2006). Dette skal sammenlignes med, at omkring 95 % erklærer sig interesseret i at se f.eks. nyhedsprogrammer, og at der også er en markant højere interesse for at se film, aktualitetsprogrammer og forskellige typer af underholdningsprogrammer.

Køns store betydning for seningen

To helt afgørende træk er tydelige. Først og fremmest kan man se, at såvel interessen som seningen ikke fordeler sig ligeligt. Mænd har en betragteligt højere interesse for stoffet end kvinder. I Danmark har således omkring 60 % af de voksne mænd en erklæret positiv interesse, hvorimod det kun gælder for 30 % af kvinderne (Hedal 2006: 42). En lignende fordeling er blevet fundet i undersøgelser af sports- og mediebrug i vores nabolande (Rühle 2003, Caldera & Danielsson 2006) og i amerikanske undersøgelser (Wenner & Gantz 1998), og det reflekterer et velkendt og internationalt gældende mønster, som ofte har givet anledning til diskussion. Spørgsmålet er nemlig, om interesseforskellene skyldes, at tv traditionelt har vist de sportsgrene og begivenheder, som mænd interesserer sig for, og derved har medvirket til at understøtte og forstærke deres interesse på bekostning af kvindernes. Eller er forskellene udtryk for, at mænd pr. definition bare er mere sportsinteresserede, og at sport fylder mere i deres identitetsdannelse? Eller er der et potentiale for at få kvinder til at interessere sig mere for sport, hvis bare de bliver præsenteret for nogle andre typer af sport eller får det formidlet på en anden måde i medierne?

Der er ikke et entydigt svar på disse spørgsmål. Men vi kan konstatere, at sport udgør en af relativt få programtyper på tv, hvor køn udgør en særdeles stærk faktor, når man skal forklare forbruget. I dansk sammenhæng kunne man f.eks. i 1984 påvise, at et merforbrug af tv hos mænd alene kunne forklares med deres sportssening (Linné et al. 1984). Barnett (1990) har gjort opmærksom på, at der kan være kulturelle og nationale forskelle på, hvor kraftigt denne kønsforskel sætter sig igennem, alt afhængig af sportens kulturelle status i den kontekst, hvor man undersøger seningen og tv-stationernes villighed til at tilpasse formidlingen til mere marginalt interesserede seergrupper. F.eks. har han hæftet sig ved, at der tilsyneladende er mindre antipati mod tv-sport blandt amerikanske end blandt britiske kvinder, og han mener, at det bl.a. skyldes kommercielt amerikansk tv's større omsorg for at tilpasse formidlingen til de kvindelige seere. Uanset hvad er stoffets forskellige popularitet hos de to køn en faktor, som både før og efter tv-konkurrencen har gjort det vanskeligt for allround tv-kanaler at programsætte sportsprogrammer i primetime. I de tidlige 1990'ere kunne TV 2 i en kortere årrække godt distancere den primære konkurrent, DR, med underholdende sportsmagasiner i søndagens primetime, hvor f.eks. human interest-vinkler, optrædener og konkurrencer i studiet gjorde sportsprogrammer interessante for andre end mænd og skaffede, det som dengang blev betragtet som fornuftige seertal. Men da konkurrencen blev skærpet, og konkurrenterne fik øjnene op for, at søndag aften havde et stort potentiale seermæssigt, opgav man at fastholde sport som fast primetimeprogram på de landsdækkende kanaler.

Også den kommercielle aktør MTG, der ved købet af superligarettighederne i 1998 forsøgte at tilpasse sin fodbolddækning til kvindelige marginalseere for at få det prestigiøse stof til at passe til TV3's generelle målgruppe: mænd og kvinder i alderen 15-50 år, er løbet ind i problemer. De mandlige kerneseere, opinionsdannere og stationens forskellige samarbejdspartnere reagerede særdeles negativt på prestigeprogrammet, fodboldmagasinet *Onside*, som ved opstarten i 1998 var orienteret mod et familiepublikum og derfor rummede en del underholdende elementer, som faktisk blev modtaget positivt af nogle af programmets kvindelige seere (Larsen-Ledet 2001). Kritikken var dog hård og vedvarende, og i løbet af de første år valgte man derfor efterhånden mere konsekvent at strømline programmets indhold i forhold til hardcore fodboldseerne ved at have større fokus på aktualitet og det rent fodboldmæssige. Man bibeholdt dog en åbning i forhold til kvinderne med inddragelse af en kvindelig medvært i programmet fra 2001. I efteråret 2001 fik programmet sit seermæssige gennembrud med 281.000 seere til et enkelt program i oktober[23] og seertal på omkring eller over 200.000 seere til en række af programmerne. Om dette skyldes de redaktionelle justeringer eller det forhold, at det generelt tager tid at få etableret nye programmer seermæssigt – ikke mindst når man skal få seerne til at abonnere på nye betalingskanaler – står hen i det uvisse. Det lå dog stadig langt fra de 600.000-800.000 seere, som TV 2 havde, da de med programmet *Superfodbold* dækkede ligaen kl. 20.00 søndag aften i 1996-1997, eller de 300.000-400.000 seere, som DR tidligere typisk havde haft til sit fodboldmagasin *Kick* kl. 17.30. Det var bl.a. derfor, at nogle af fodboldens kommercielle samarbejdspartnere var kritiske.

Køns betydning viser sig også på det mere generelle plan, hvor det dog kan være relevant at skelne mellem seernes interesse for stoffet og deres faktiske sening. Groft sagt ser mænd op mod 50 % mere sport på tv end kvinder – men der er også et betragteligt forbrug af sports-tv blandt de kvindelige seere. At kvinders sportssening er større end deres tilsyneladende interesse for stoffet hænger bl.a. sammen med, at kvinder traditionelt har været mere tilbøjelige end mænd til at vælge at se sport på tv, fordi familie og venner ser det, ikke fordi de har en særlig interesse for sport (Wenner & Gantz 1998: 240). Kvinders forbrug af tv-sport er mere familiecentreret end mænds, hvorimod mænd i større udstrækning end kvinder ser tv-sport alene eller sammen med venner i eller uden for hjemmet (Caldera & Danielsson 2006: 3).

Det måske lidt overraskende faldende forbrug af tv-sport kunne umiddelbart tolkes som en 'mæthedsreaktion' hos seerne eller et

---

23. Hvilket på det tidspunkt var seerrekord for TV3, og derfor dokumenterer fodboldrettighedernes strategiske betydning for MTG. Fodboldrettighederne skulle få folk til at abonnere på MTG's kanaler, og det er fodboldprogrammerne, der mest stabilt og konsekvent skaffer de højeste seertal til MTG's kanaler.

resultat af manglende international succes – som ellers ofte kan medvirke til at løfte seerinteressen. Faldet viser sig dog ikke at være ligeligt fordelt. Det er primært udtryk for et konstant og markant fald i kvinders sportssening. Dette fald begyndte allerede i de år, hvor det kvindelige håndboldlandshold, der ellers har haft en betragtelig gennemslagskraft hos de kvindelige seere, stadig havde international succes (Fig. 11).

Fig. 11: Forbruget af sports-tv fordelt på køn.

Årligt forbrug pr. dansker 3+	
Periode	Timer mænd/kvinder
1996-2000	6.150/4.505
2001-2005	6.449/4.293
2006-2010	6.141/3.987

Kilde: Gallup TV-meter.

Tallene i Fig. 11 må ses som et vidnesbyrd om, at tv-kanalernes programpolitik ikke har været i stand til at fastholde, endsige tiltrække, kvindelige seere. Tallene er ligeledes et udtryk for, at broadcasterne er blevet mere tilbøjelige til at programsætte stoffet på mindre kanaler, der i det hele taget tiltrækker færre seere, men har givet flere valgmuligheder sammen med flere tv-apparater og nye mediemuligheder i hjemmet.

En række kvantitative amerikanske undersøgelser har vist, at netop graden af interesse og ikke køn er den centrale faktor bag forbruget. De meget sportsinteresserede kvinders og mænds forbrug af tv-sport er nemlig stort set ens, når man ser bort fra, at der kan være lidt forskellig adfærd i forbindelse med seningen. Kvinderne er mere tilbøjelige til at 'multitaske', hvorimod mænd er mere tilbøjelige til at indtage alkohol og give følelsesmæssigt los under programmerne (Wenner & Gantz 1998: 240-241).

Tv-sportens forenende potentiale

Et interessant træk ved sport på tv er, at det faktisk har et potentiale til at forene grupper i befolkningen, der ellers sjældent deler interesser og tv-programpræferencer. Vi kan f.eks. bemærke, at seernes interesse for nyheds- og aktualitetsstof samt kulturprogrammer er stærkt påvirket af alder, uddannelse og indkomst. Jo højere uddannelse, indtægt og alder, jo større interesse. De samme parametre har ikke samme tungtvejende betydning for seningen af sportsprogrammer, hvor den specifikke interesse for sport er afgørende (Rühle 2003). Interessen for sport er endvidere ligeligt fordelt blandt de forskellige aldersgrupper – med en tendens til størst interesse hos de yngre og de ældre dele af befolkningen. Og interessen er også relativt jævnt fordelt blandt forskellige uddannelsesgrupper – med en tendens til en lidt mindre interesse blandt de dele af befolkningen, som har en højere uddannelse (Index DK/ Gallup Marketing HH 2010). Fig. 12 viser forbruget af sportsprogrammer hos forskellige aldersgrupper i 2007, og forbruget følger et velkendt mønster i tv-sening som sådan, nemlig at tv-sening bliver større, i takt med at man bliver ældre (Fig. 12).

Fig. 12: Tidsforbrug anvendt på tv generelt og på sportsprogrammer – målt i minutter og fordelt på aldersgrupper.

		Alle	3-20 år	21-40 år	41-60 år	61+ år
2007	Minutter i alt – alle programmer	46.156	23.916	46.906	47.021	68.253
	Minutter i alt – sport	4.049	1.249	4.169	4.297	6.607
	Sportssening ud af al sening	9 %	5 %	9 %	9 %	10 %

De ældre seere er storforbrugerne af tv-sport, men sportsprogrammer lægger ikke beslag på en markant større andel af aldersgruppens samlede sening, end den gør hos de andre voksne aldersgrupper. Hvad angår aldersgruppen 3-20 år dækker den lave procentdel over særdeles store udsving spændende fra de alleryngste seere til de ældste teenagere, der har vidt forskellige betingelser og muligheder for at se tv. I tidligere undersøgelser af danskernes tv-sening er det dokumenteret, at sportsprogrammer fylder mere i de 13-19-åriges samlede tv-forbrug (Linné m.fl. 1983). Disse tal har imidlertid ændret sig meget siden, da mange af de nye kanaler byder på store mængder af fiktion, der typisk fylder meget i teenageres og unges tv-forbrug.

Alderens betydning for seningens omfang er dog relativt entydig og hænger sammen med ændringer i livsomstændigheder og livsfaser, hvor økonomi, vennekreds, børn og familierelationer i forskellige faser influerer på muligheder og interesse for at se tv og derfor også sport på tv.

Alder har imidlertid ikke blot betydning for omfanget af sening, men tilsyneladende også for seerens måde at se sportsprogrammer på. En amerikansk undersøgelse fra 2009 påviste, at det at være sportsfan ikke er en statisk størrelse. Engagementet er for amerikanske mænds vedkommende størst, når de er i alderen 12-24 år, hvorefter interessen falder systematisk med alderen. Hos amerikanske kvinder når interessen typisk et lavpunkt i alderen 18-49 år, hvorefter den faktisk vokser moderat (Gantz 2011:12). Og også denne undersøgelse viste, at ældre mandlige seeres forbrug af tv-sport er højere end de yngre mænds, men deres engagement er et andet.

Tv-sports forenende potentiale viser sig også, når vi ser på seningen i forhold til uddannelse. Igen er der dog en forbindelse mellem forbruget af sportsprogrammer og et mere generelt mønster i tv-sening. Som nævnt falder tv-seningen – og dermed også sportsseningen – generelt i takt med stigende uddannelsesniveau. Men sportsseningen udgør f.eks. i 2007 10 % af seningen både hos de seere, der har en lang videregående uddannelse, og dem uden uddannelse ud over folkeskolen. Når danskerne vælger at se tv, har sportsprogrammer altså lige stor appel – uanset uddannelse.

Det ændrer dog ikke ved, at forbruget af tv-sport i absolutte tal er størst blandt de lavtuddannede og blandt de ældre – to parametre som i øvrigt er tæt forbundet, fordi uddannelsesniveauet generelt er lavere blandt de ældre end blandt de yngre dele af befolkningen.

Eksterne faktorers indflydelse på seertallene

De påviste mønstre dækker, som antydet, over endog meget store udsving i seertallene. I det hele taget er der en række eksterne faktorer, som påvirker et tv-programs seertal uanset programmernes kvalitet, og som derfor kan gøre det meget vanskeligt at udtale sig om sportsseningen og seerne på et generelt plan. Først og fremmest varierer seertallene, alt efter hvilken kanal et program sendes på. Dette er fodboldmagasinerne nævnt ovenfor og transmissioner fra herrefodboldlandsholdets kampe gode eksempler på. I marts 2011 blev en vigtig dansk herre EM-kvalifikationskamp mod Norge sendt en lørdag aften i primetime på MTG's nye kanal TV3 Puls, der på sendetidspunktet blot kunne modtages af ca. halvdelen af den danske befolkning. Den programsætning betød bl.a., at kampen kun fik 638.000 seere. Til sammenligning fik en venskabskamp mod England, der blev sendt i februar på TV 2, 1.136.000 seere.

De højeste seertal kan, uanset om der er tale om nyheds-, magasinprogrammer eller transmissioner, nås, når programmerne sendes på de to public service-kanaler – simpelthen fordi de er de absolut mest udbredte og mest sete kanaler. Mange tv-programmer ses nemlig lidt tilfældigt, fordi seeren har valgt at se tv og i den situation er modtagelig for at se det, der fanger opmærksomheden på de ofte relativt få kanaler, som rutinemæssigt tjekkes. Og for de mange danskere, der er vokset op med kun en enkelt dansk kanal, er DR1 og TV 2 stadig helt centrale orienteringspunkter.

I forhold til høje seertal er det selvsagt meget centralt, hvornår på døgnet og på hvilken ugedag et sportsprogram sendes. Da MTG i 1998 skulle finde et sendetidspunkt til *Onside*, var det afgørende at sende programmet, så det blev så aktuelt som muligt. Det skulle derfor sendes søndag aften, umiddelbart efter at hovedparten af kampene i ugens runde af superligaen var spillet, og tilskuerne var hjemme igen. Men man skulle også kunne nå at lave velproducerede indslag og undgå at sende på et tidspunkt, hvor konkurrencen om seerne var for hård. Og det viste den sig at være på programmets første sendetid kl. 20.00, hvor DR1 sendte dansk tv-drama. Man valgte derfor efterfølgende at sende programmet kl. 19.00, selvom det kolliderede med et andet seerstærkt program hos TV 2, nemlig Nyhederne (Larsen-Ledet 2001). Det er set i lyset af sådanne forhold, og MTG kanalernes mere begrænsede udbredelse, at seertal på omkring 200.000 til Onside fra starten af det nye årtusinde blev betragtet som en succes af MTG.

Når et sportsprogram ruller over skærmen, er seertallene endvidere påvirket af placeringen i programfladen, da programmer altid 'arver' seere fra det foregående program. Det er f.eks. en stærkt medvirkende årsag til, at sportsnyheder, der på både TV 2 og DR1 oftest bringes i umiddelbar tilknytning til de to kanalers almindelige nyhedsudsendelser, om aftenen ofte får 350.000-650.000 seere og derfor stort set altid opnår en placering som ét af de 20 mest sete tv-programmer i løbet af en normal uge.

I det følgende skal vi se nærmere på, hvordan seertallene, både hvad angår størrelse og sammensætning, er meget svingende alt efter begivenhedstype og sportsgren.

Ekstraordinære 'høj-helligdage' og ordinær 'hverdagssport'

Det er her helt centralt at skelne mellem de ekstraordinære og de ordinære programmer, fordi de har vidt varierende tiltrækningskraft for forskellige grupper af sportsseere. De ekstraordinære programmer er magasiner, optakter og transmissioner fra store internationale begivenheder, som har en høj grad af eksklusivitet, fordi de finder sted sjældent, eller fordi de er udtryk for det ypperste sportslige niveau eller rummer et stærkt element af tradition (som f.eks. den årlige Wimbledonturnering i tennis). De ordinære programmer er de regelmæssige magasinprogrammer og transmissioner fra hjemlige eller internationale klubturneringer. Det er, hvad man kunne kalde tv-sportens hverdagsstof.

I grove træk kan man sige, at sportsseerne er en sammensat gruppe, som består af to -måske tre - seertyper. Vi har de dedikerede sportsseere, der har en stærk interesse for sport og, hvis omstændighederne tillader det, systematisk ville se alle sportsprogrammer. Disse seere er også blevet betegnet 'føljetonseere', og de er kendetegnet ved at have et løbende forbrug af tv-sport, idet de følger med i bestemte sportsgrene og turneringer, samler viden op om dem, og bruger deres viden aktivt både i seningen og i sociale sammenhænge. Denne gruppe seere er blevet anslået til at udgøre 17 % af danskerne (Knudsen 1998: 36).

Vi har ligeledes en gruppe seere, hvis interesse for sportsprogrammer udelukkende knytter sig til tv's dækning af store internationale begivenheder af national betydning. Deres sportssening tager ikke udgangspunkt i en særlig interesse for en bestemt sportsgren, men er snarere motiveret af et ønske om at opleve den særlige intensitet og fællesskabsfølelse, som kan opstå ved en fælles oplevelse af en sportskamps spænding i nuet. Frem for alt er de tiltrukket af oplevelsen af national sportslig triumf. Disse seere er blevet betegnet 'begivenheds- og oplevelsesseere', og de udgør omkring 19 % af den danske befolkning (Knudsen 1998: 36).

Barnett (1990: 99) har gjort opmærksom på en tredje type seere, der delvis overlapper de to nævnte typer. Denne tredje seertype har en interesse for en eller flere bestemte sportsgrene – men på et lidt andet plan end føljetonseeren. Seeren følger nemlig ikke systematisk med i en bestemt sportsgren, men han vil nødigt gå glip af transmissioner fra bestemte begivenheder inden for sportsgrenen. Det kan f.eks. være Wimbledon eller Tour de France.

Det er udelukkende i forbindelse med ekstraordinære programmer, at alle ovennævnte tre seertyper vil fatte interesse for programmerne. Og det er især oplevelsesseere, der håber på national triumf, som gør en seertalsmæssig forskel. I Danmark ses det overvejende i forbindelse med VM- og EM-slutrunder i både dame- og herrehåndbold og herrefodbold samt ved afgørende konkurrencer under OL. De ekstraordinære programmer knytter sig således typisk til koncentrerede begivenheder, der forløber over en kortere tidsperiode på 1-3 uger, og hvor seerinteressen gradvist vækkes, i takt med at den sportslige succes øjnes i horisonten. I USA er finalen i professionel amerikansk fodbold, "Super Bowl Sunday", et andet og mindre langstrakt eksempel på den type eksklusiv sportsbegivenhed, som ligger til grund for de ekstraordinære programmer. Et unikt træk ved disse programmer er derfor også, at de prioriteres så højt af tv, at alle normale sendeplaner og form- og indholdsmæssige standarder for sportsdækning sættes på standby. Dette er selvsagt i sig selv en markering af eksklusiviteten og begivenhedens særlige betydning, og det kan trække seere til. Sportsbegivenhederne bliver her til mediebegivenheder (Dayan & Katz 1992), der udgør en form for tv-mæssig undtagelsestilstand, fordi 1) al normal programaktivitet på kanalen sættes til en side, 2) et normalt meget fragmenteret publikum samles, og 3) der opstår helt særlige adfærds- og samværsformer omkring seningen af disse programmer. Seerne samles i større omfang end ellers med venner og familie, hvor man typisk yderligere markerer begivenheden med samvær omkring mad og drikke til tider næsten ritualiseret som f.eks. ved Super Bowl Sunday. Seeradfærden er her markant anderledes end seningen af mere ordinære sportsprogrammer og oplevelse af festlighed og fællesskab er i centrum (Wenner & Gantz 1998: 235). Der er tale om en slags tv-sportens 'høj-helligdage' rent seermæssigt, og det er udelukkende, når der er danske deltagere med sportslig succes ved sådanne begivenheder, og de dækkes af landsdækkende public service-tv, at man får de rekordstore seertal, som tv-sporten ofte fremhæves for. De tre mest sete tv-sportsprogrammer i Danmark efter tv-konkurrencens indførelse er således VM-finalen i herrehåndbold i 2011, semifinalen i herrefodbold i 1992 og finalen i herrefodbold 1992, der i kraft af dansk deltagelse nåede op på henholdsvis 3.127.000 seere, 2.655.00 seere og

2.632.000 seere på det tidspunkt sidst i kampene, hvor der var flest seere. Den nye rekord fra 2011 skal ses i lyset af, at kampen blev vist samtidigt på både TV 2, DR1 og DR HD om vinteren, hvor seningen traditionelt er højere end om sommeren. Rekorderne fra 1992 er fra transmissioner, som kun TV 2 sendte, og de fandt sted i en af sommermånederne, hvor seningen normalt når et lavpunkt. De højeste seertal opnås, ikke overraskende, når seerne får begrænsede valgmuligheder i primetime.

Til sammenligning med dette er den hidtil mest sete transmission fra en anden populær og traditionsrig dansk tv-sportsbegivenhed, Tour de France, blevet set af ca. 1.350.000 seere i 1997.[24] I 2010 blev årets højeste seertal til et sportsprogram nået af TV 2, da de nåede op på 1.987.000 seere sidst i 2. halvleg af Danmarks kamp mod Rusland i mellemrunden ved EM-slutrunden i damehåndbold. Dækningen af europæisk herreklubfodbolds topbegivenhed, Champions Leaque-finalen mellem Manchester United og FC Barcelona i maj 2011, som blev sendt på TV3+, havde til sammenligning mindst 615.000 seere.[25] Dette var et usædvanligt og meget højt seertal for tv-kanalen, og kampen har utvivlsomt udgjort et oplevelsesmæssigt højdepunkt for mange fodboldinteresserede seere, der sandsynligvis har planlagt og tilrettelagt særlige rammer for seningen lang tid i forvejen. Publikumsmæssigt er denne type programmer altså langt fra de seertal, som almindelige danske herrefodboldlandskampe sendt på DR1 eller TV 2, kan trække, fordi de sendes på en bredere tilgængelig kanal og rummer en national dimension.

Sammenfattende kan man sige, at programmer fra de ekstra-

24. Målt på det tidspunkt af transmissionen, hvor der var flest seere. Gennemsnitstallene for hele transmissionen var 885.000 seere.
25. Antallet af seere var antageligt væsentligt højere. Dels fordi netop europæisk klubfodbold har et særligt stærkt gennemslag hos yngre mænd, der er mere tilbøjelige til at mødes uden for hjemmet og se sport i grupper. Denne type sening indgår ikke i målingerne. Dels blev kampen vist på udenlandske kanaler, f.eks. tyske Sat.1, der også kan modtages af mange i Danmark.

FASCINATION OG FORRETNING

ordinære begivenheder i mere end én forstand er ekstraordinære. Generelt hører de til i en helt særlig liga af tv-programmer, der kan mønstre et publikum, som kommer i nærheden af eller over 1 mio. seere. Og i særdeleshed udgør de en liga for sig blandt sportsprogrammerne, idet de er i stand til at nedbryde den publikumsmæssige polarisering, som tv-sport ellers er berygtet for, og de kan samle et nationalt publikum i en tid, hvor flere og flere valgmuligheder mediemæssigt ellers fragmenterer publikum. For public servicestationer, der har en kulturpolitisk forpligtelse til at styrke dansk kultur og bidrage til sammenhængskraften i det danske samfund, er den type begivenhed derfor alfa og omega. Det er kun i forbindelse med disse programmer, dansk producerede dramaserier og konkurrenceorienterede underholdningsprogrammer, som f.eks. *X-Factor* og *Melodi Grand Prix*, at man i dag kan samle nationen som publikum og gennem fælles oplevelser bidrage til at styrke danskernes oplevelse af fælles identitet.

Sportsgrenene appellerer forskelligt

Siden tv-konkurrencens indførelse er det især tre sportsgrene, som er kommet til at dominere de danske seeres forbrug af tv-sport. Det gælder fodbold, håndbold og cykling – i nævnte rækkefølge. I perioden 1993-2005 lagde de samlet set beslag på ca. 79 % af den tid, danske seere brugte på at se sportstransmissioner på de syv største danske tv-kanaler (Hedal 2006).

Selvom transmissioner fra fodbold (både landshold og klubfodbold) med en andel på 38 % af seertiden kan synes enormt populært, dækker tallene dels over meget store udsving mellem de forskellige transmissioner, dels er de udtryk for, at der også har været vist rigtig mange fodboldtransmissioner (29 % af al transmissionssendetid på de undersøgte kanaler). Det er ikke udtryk for, at der er enormt mange seere til alle fodboldkampe. Seertiden på fodbold fordelte sig med 45 % til internationale kampe (Champions League og udenlandske nationale ligakampe), 28 % til kampe med danske klubhold og 27 % til kampe med danske landshold (Hedal 2006). Hvad angår håndboldprogrammernes popularitet, er den af flere grunde væsentlig at hæfte sig ved. Først og fremmest fordi det her er lykkedes for dansk tv at få tag i et nyt og omfattende publikum til tv-sportsprogrammer, men også fordi håndboldsporten her har fået en i international sammenhæng unik position på det danske tv-marked. Håndbold lagde i perioden 1993-2005 beslag på hele 26 % af seertiden brugt på sportstransmissioner på de syv største danske kanaler (Hedal 2006: 38), og denne andel var især interessant set i lyset af, at programmerne udgjorde 14 % af sendetiden. Disse programmer var med andre ord særligt seereffektive, hvilket hænger sammen med, at transmissioner fra både herrernes og damernes landsholds- og klubhåndbold blev vist på de to landsdækkende kanaler. Seertiden blev jf. Hedals opgørelser stort set ligeligt fordelt mellem kampe med danske klubber og kampe med danske landshold.

Selvom håndbold og fodbold rent dramaturgisk deler en del karakteristika, er det iøjnefaldende, at tv-transmissionerne fra de to sportsgrenes danske ligakampe har vidt forskellig gennemslagskraft rent publikumsmæssigt. TV3+'s transmissioner fra de danske superligakampe havde i perioden 2004-2007 en meget klar overvægt af mandlige seere (70-75 % af seerne jf. TNS Gallups TV-Meter). Til sammenligning havde DR's og TV 2's transmissioner fra både herrernes og kvindernes håndboldligakampe i samme periode en næsten ligelig fordeling mellem de to køn (en lille overvægt af mænd). Hvad angår alder, er der også forskel, idet håndboldtransmissionerne generelt har haft størst gennemslag i aldersgrupperne 50+, hvorimod fodboldtransmissionerne især er populære i aldersgrupperne 20-40 år og 50-60 år.

Seernes forbrug af og interesse for at se forskellige sportsgrene er blevet undersøgt i både danske og udenlandske sammenhænge, og de viser alle, at uanset om man spørger til den generelle interesse for forskellige sportsgrene eller interessen for at se dem formidlet i tv, er der forskellige præferencer, som i et vist omfang følger

køn og alder og går igen på tværs af nationale og sportskulturelle
grænser. Der er dog også klare indikationer på, at tradition og
sportskultur på visse områder er forskellige fra land til land, og at
det giver forskelle i publikums sening og præferencer. Eksempelvis
er interessen for at se ishockey stor hos både mænd og kvinder i
Sverige (Caldera & Danielsson 2006), og i Tyskland var Formel 1
den sportsgren, flest seere i 2001 ytrede interesse for at se (Rühle
2003: 218).

Zubayr & Gerhard (2004) har i en analyse af sportssening i
Tyskland netop pointeret, at billedet af den typiske sportsseer som
en mand over 50 år bør nuanceres. F.eks. er sammensætningen af
tennispublikummet og fodboldpublikummet markant forskel-
lig og udgør rent kønsmæssigt to poler. Mens næsten lige mange
mænd og kvinder ser tennisprogrammer, er 67 % af seerne af tyske
bundesligakampe mænd. Også aldersmæssigt er der forskel, idet
74 % af tennisseerne er 50 år eller mere, mens kun 58 % af seerne af
bundesligakampene er ældre end 50 år. I Tyskland ser fodboldstof-
fet dermed også ud til at tiltrække lidt yngre seere end herhjemme,
og selvom det deler vandene rent kønsmæssigt, er mønstret ikke
så radikalt som i Danmark. Det kan måske skyldes, at de danske
sportsinteresserede kvinder har fået et alternativ i håndbold. Det
er et alternativ, som de tyske seere tidligere har haft med tennis.
Zubayr & Gerhard dokumenterer således også, at seerinteressen
for tennis toppede i sidste halvdel af 1980'erne og i starten af
1990'erne, hvor de to tyske tennisspillere Boris Becker og Stefanie
Graf opnåede store internationale resultater (Zubayr & Gerhard
2004: 39). Netop her kan vi se et eksempel på, hvordan national
succes og kønsmæssige spejlingsmuligheder er vigtige ingredienser
for at vække marginalseeres interesse. Og når seerne til tennis på
tysk tv i dag er højt oppe i alderen, kan det hænge sammen med,
at nogle af de oprindelige begivenhedsseere er blevet føljetonseere.
Til gengæld har manglen på nye tyske stjerner betydet, at man ikke
har været i stand til at trække nye, yngre seergrupper til.

I en undersøgelse af seningen af VM i fodbold 1982 kunne
DR's medieforskere konstatere, at selvom fodbold hørte til blandt

det mest populære sportsstof i den danske befolkning, og selvom fodbold udgjorde en "naturlig ingrediens i en gennemgribende idrætsinteresse" (Marosi 1983: 5), så var der også en betragtelig kønsmæssig forskel. 39 % af de adspurgte mænd var "meget interesserede i fodbold", hvorimod kun 12 % af kvinderne var "meget interesserede". I undersøgelsens konkluderende kapitler vurderede man at: "Skal man få kvinder til aktivt at se sport i TV, er fodbold ikke den forløsende sportsgren" (Marosi 1983:43). Kvindernes vurdering af fodboldtransmissioners underholdningsværdi var nemlig markant lavere end mændenes. 39 % af mændene i den danske befolkning erklærede sig dengang enige i, at "En god fodboldkamp er den bedste underholdning på Tv" mod kun 17 % af kvinderne. Selvom det er vigtigt at huske, at disse udsagn stammer fra, før det danske herrefodboldlandshold fik sit internationale og tv-mæssige gennembrud i 1984, og før DBU iværksatte sin ansigtsløftning af dansk klubfodbold med lanceringen af superligaen, viser også senere undersøgelser, at fodbold, sammenlignet med flere andre populære sportsgrene, faktisk nyder relativ forskellig interesse hos de to køn. I 1986 blev det dokumenteret, at når man spurgte sportsseerne, hvad de gerne ville se transmissioner fra, var netop fodbold og håndbold de to foretrukne sportsgrene – dog med en klar førsteplads til fodbold. Og selvom både mænd og kvinder i denne undersøgelse havde fodbold på en klar førsteplads, var forskellen på de to køns vurdering både betragtelig og større end ved f.eks. vurderingen af håndbold, tennis, badminton og alpint skiløb (Møller 1986: 103).

Nogle sportsgrene deler publikum mere end andre, og i visse tilfælde er forskellene blevet tydeligere, når man spørger publikum, hvilke sportsgrene de har mindst interesse for at se (Caldera & Danielsson 2006: 3), eller hvad de synes, der vises for lidt af (Marosi 1983: 43). Som overordnet tendens synes der på tværs af nationale og sportskulturelle forskelle at tegne sig et klart billede, idet mænd i højere grad end kvinder foretrækker at se programmer om sportsgrene, hvor fart, kropslig styrke og mekanik spiller en stor rolle. Omvendt har kvinder et større ønske om at se programmer om sportsgrene, hvor det sportslige også rummer en æstetisk og ekspressiv dimension (Møller 1986: 128-149, Rühle 2003: 218-19, Raney 2011: 81). Når det kommer til konkrete sportsgrene, bliver det også tydeligt, at alder gør en forskel, idet amerikansk fodbold, Formel 1, ekstremsport og wrestling f.eks. i dag har større appel til yngre end ældre (tyske) mænd. Hvorimod ældre (tyske) kvinder f.eks. har større interesse for at se svømning/udspring, vintersport og hestesport (Rühle 2003: 218-219). Dette tydeliggør, som vi tidligere har været inde på, at præferencerne også er påvirket af, hvilke sportsgrene seerne via medieforbrug og egen deltagelse/overværelse gennem tiden har fået et identitetsdannende tilhørsforhold til.

Forskellige publikumsgruppers interesser for at se forskellige former for tv sport skal både forstås i et lidt bredere mediemæssigt perspektiv og med inddragelse af de respektive sportsgrenes narrative struktur i en tættere analyse af udvalgte seeres fascination af tv-sport. For mændenes vedkommende viser den større interesse for sport sig i et mere omfattende forbrug af mediesport. De ældre sportsinteresserede mænd følger sport i dagblade, på radio og på tekst-tv, og de yngre sportsinteresserede mænd læser sportsmagasiner og bruger i høj grad internettet som medie. Den oplevelsesmæssige kvalitet, som denne del af tv-sportens publikum finder i programmerne, lader sig derfor næppe forstå isoleret.

Tv-sports appel til forskellige dele af tv-seerne kan dog heller ikke forstås udelukkende ud fra denne kontekst. De narrative strukturer og den måde, hvorpå de enkelte sportsgrenes spændingsmoment og æstetik udfoldes i tv's dækning, er også en central parameter, hvis man skal forstå, hvorfor seerne i nogle henseender er så fragmenterede og ikke lader sig nøje med en ishockeytransmission, hvis transmissionen fra isdans bliver aflyst. Dahl har i en analyse af dynamikkerne bag forskellige værdibaserede målgrupper peget på sammenhængen mellem folks værdier og deres præference for at udøve forskellige sportsgrene. Dette valg lader sig nemlig ikke udelukkende forstå ud fra et fysiologisk behov, men er også forbundet med mere ideale forestillinger om det gode liv og den gode krop (Dahl 1997). Også Raney har med udgangspunkt i empiriske undersøgelser af oplevelsen af forskellige former for tv-fiktion argumenteret for, at moralske overvejelser også rammesætter individets valg af tv-sport og spiller en væsentlig rolle for det oplevelsesmæssige udbytte under sening af en sportsbegivenhed. Det er dermed oplagt, at tv-seernes fascination og valg af tv-sport også knytter sig til et ønske om at opleve og gennemleve forskellige typer af fortællinger med forskellige former for moral. Seerne vil her være tilbøjelige til at vælge de fortællinger, som støtter deres holdninger og overbevisninger (Raney 2011). Et cykelløb som f.eks. Tour de France er i den optik en fortløbende fortælling om, hvordan det enkelte individ sejrer over landskabet, sig selv og konkurrenterne gennem udholdenhed, agtpågivenhed, taktisk forståelse og ofte ekstrem lidelse. Til sammenligning rummer holdsportsgrene en fortælling om, hvordan succes bedst opnås, når forholdet mellem individ og fællesskab finder sin rette balance – inden for de forskellige rammer, som den enkelte sportsgren har, hvad angår tid, rum og aktører.

TV-SPORTENS OPLEVELSESVÆRDI

Oplevelsesværdien af tv-sport er meget vigtig for tv-branchen. Det gælder ikke mindst i forbindelse med egentlige transmissioner, som da også udgør langt størstedelen af de producerede programtimer. Tv-sportsprogrammer har for flere tv-udbydere været attraktive, fordi de har haft denne unikke evne til at skabe nationale fællesskaber og styrke en oplevelse af national identitet ved store internationale sportsbegivenheder med succesfulde danske deltagere. For andre udbydere har seerne af programmerne ofte udmærket sig ved en meget stærk motivation og interesse, som har betydet, at de har været særligt betalingsvillige og derfor attraktive for betalingstv. Opfattelsen i branchen har endvidere været, at sportsseernes engagement i programmerne er af en sådan karakter, at det kan være vanskeligt at bruge seernes evalueringer af programmerne i en produktionsmæssig sammenhæng. DR fandt således i 1990'erne ud af, at det ikke gav mening at bede seerne om at komme med vurderinger på sportstransmissioner. Seernes vurderinger af sportsprogrammerne viste sig at rumme meget store udsving, som tydeliggjorde, at sportsseernes oplevelse af programmerne var stærkt påvirket af de sportslige resultater.

DR's konklusion må tages med et vist forbehold, idet den delvis hænger sammen med, at deres transmissioner ofte har været fra begivenheder, hvor det nationale har spillet en rolle. Resultatet har derfor haft en mere entydig betydning i seergruppen som helhed. Alligevel peger konklusionen på det særlige vilkår, at oplevelsesmæssig kvalitet for seerne ikke kun er et spørgsmål om god audiovisuel formidling og journalistisk kvalitet.

Dette hænger helt grundlæggende sammen med, at sportstransmissioner er audiovisuelle formidlinger af et særligt lege- og spilfænomen, og denne spildimension er en frugtbar nøgle til at forstå en meget væsentlig del af de særlige træk ved tv-sportsoplevelsen. Denne optik på tv-sportens oplevelsesværdi vil blive udfoldet her.

Tv-sport er underholdning

Mit grundsynspunkt er, at oplevelsen af tv-sportstransmissioner er underholdning, der henter en række særegne træk fra andre typer tv-underholdning, fordi der er tale om audiovisuelle formidlinger af en helt bestemt form for spil. Underholdning forstås her ikke negativt som individuel eskapisme eller kompensation for et problemfyldt hverdagsliv – men som et mere komplekst fænomen, der både kan have værdi for den enkelte og social og samfundsmæssig betydning. Underholdning er et resultat af en særlig relation – et samspil – mellem et medieprodukt med bestemte æstetiske træk og tematikker og en modtager, der opsøger produktet under bestemte sociale omstændigheder og møder teksten med et ønske om at få en helt bestemt type oplevelse (Bruun & Frandsen 2010). Underholdning er en positiv oplevelse, hvor man oplever at få tilfredsstillet tre helt basale psykologiske behov: 1) et behov for at opleve autonomi i form af kontrol og selvbestemmelse, 2) et behov for at opleve sig selv som værende kompetent, og 3) et behov for at opleve samhørighed med andre (Vorderer, Steen & Chan 2006).

I det følgende skal jeg se på, hvordan denne underholdning kommer til udtryk, når vi beder seerne om at sætte ord på deres oplevelser. Mit empiriske udgangspunkt er kvalitative interviews med danske seere om deres oplevelse af den mere ordinære del af tv's programmer, nemlig dansk tv's transmissioner fra dansk klubhåndbold og dansk klubfodbold. Her har vi at gøre med programmer, som i en dansk sammenhæng har været hyppige og relativt populære, men netop ikke rummer den nationale dimension som en primær oplevelseskvalitet og heller ikke er særligt eksklusive. Netop derfor er de velegnede til at få begreb om, hvad de mere basale og generelle kvalitative ingredienser i oplevelsen af tv-sport

er. Samtidig giver de adgang til at se på et ofte underbelyst aspekt
vedrørende transmissionernes kulturelle betydning:

> We recognize that the cultural splash that sports super
> events make can be significant. However, we believe that
> the 'constant drip' of sports into everyday experience may
> be even more important in understanding the cultural
> baseline. (Wenner 1998: 235)

Ved at fokusere på den ordinære del af programudbuddet, får man
et blik for den kulturelle betydning, der opstår i netop anknytnin-
gen til det mere hverdagsnære. Vi får mulighed for at se, *hvordan*
underholdningsværdi er meget mere end en oplevelse af national
identitet eller en fascination af ekstraordinære artistiske færdighe-
der, men også er noget, der opstår gennem seningens forbindelse
til seernes livssituation, deres hverdagsliv og sociale netværk.

Et spilperspektiv på sport

Psykologisk orienteret forskning har gennem en årrække tegnet et
meget overbevisende billede af sportsseeren som en særlig moti-
veret seer, der ser sportsprogrammer af mange forskellige årsager.
Men først og fremmest ser det ud til, at seerne bevidst søger at få
et bestemt positivt og følelsesmæssigt udbytte via en 'her og nu'-
spænding og via sociale relationer (Raney 2004, Wenner & Gantz
1989 og 1998). Andre har peget på, at den særlige oplevelse ikke
kun er et spørgsmål om seerens motivation og behov men også
har noget at gøre med, at sportsprogrammer – og især transmis-
sioner – har nogle helt særlige træk. De har en åbenhed, der betyder,
at sportsseeren er mere aktiv og mere engageret end andre typer af
tv-seere (Whannel 1998, Real 2011).

Som jeg ser det, hænger sportstransmissionens åbenhed sam-
men med, at det fænomen, der udgør den indholdsmæssige og
narrative grundkomponent i programtypen, sportskampen, er et

spilfænomen. Jeg mener, at netop dette giver programtypen helt særlige kvaliteter som underholdning, idet seeren får særligt gode forudsætninger for at være aktiv og medskabende i oplevelsen:

> Jeg lever mere med i en fodboldkamp, end jeg gør i en film. Altså, den fænger mere sådan i detaljen, end filmen ville gøre. (...) Jeg kommer med mine egne vurderinger og meninger om, hvad der foregår i en fodboldkamp, [mere] end hvis jeg ser en film. I en film, der er jeg passiv betragter. Når jeg ser en fodboldkamp, så bruger jeg mange flere ressourcer på at vurdere de enkelte situationer. Altså, jeg ser fodbold på en aktiv måde, hvor jeg tænker meget mere og reflekterer meget mere, end hvis jeg så en film. (M 60 år)

Citatet fra denne livslange fodboldseer giver et klart indtryk af, at programtypen giver ham en attraktiv mulighed for at opleve sig selv som kompetent. Selvom det er velkendt, at tv-seere generelt altid bidrager aktivt med mentale ressourcer under oplevelse af tv-programmer, er det tydeligt, at det for denne seer i særlig grad gør sig gældende, når han ser fodboldtransmissioner. Programtypens evne til at aktivere seerne fremgår også af, at mange af dem fremhæver, at deres adfærd hjemme i stuen er anderledes under en god sportstransmission, end når de ser andre typer af tv-programmer. Sening af sportstransmissioner er i de 'vellykkede tilfælde' forbundet med kropslig anspændthed, højlydt råben, mere eller mindre grovkornede kommenteringer af sportsudøvere, dommere etc. Og for alle er denne synlige – til tider normoverskridende – og kropslige demonstration af indlevelse og kompetence i stuerummet i høj grad forbundet med nydelse.

Sportsseerne ønsker netop denne mulighed for på én gang at være følelsesmæssigt engagerede og demonstrativt kompetente oplevere, bedømmere og fortolkere. Men dette bliver især muligt, fordi sport er spil, der sammen med det hverdagslige er afgørende for at forstå værdien af oplevelsen.

Roger Callois har i sin bog *Man, Play and Games* (1958/ 2001) beskrevet forskellige former for spil og deres fælles rod i leg. Både leg og spil har ifølge Callois den særlige kvalitet, at det er aktiviteter, som foregår adskilt fra hverdagslivet. Deltagerne skal hengive sig frivilligt til aktiviteten for aktivitetens egen skyld, og aktiviteten må ikke have et formål ud over sig selv. Det er denne kombination af formålsløshed og frihed fra hverdagens rutine og ansvar, der konstituerer den basale fornøjelse ved leg. Legen har sine helt egne grænser i tid og rum, ligesom den har regler for deltagelsen. Legen kræver f.eks. seriøsitet fra deltagernes side, idet de skal gå ind på legens præmisser og leve sig ind i den, for at alle deltagere kan få et oplevelsesmæssigt udbytte.

På samme måde har spil legens grundliggende træk som mere eller mindre regelstyrede aktiviteter, der er afgrænset fra hverdagen. Sport er en særlig form for spil, som Callois benævner 'agon', men som jeg her betegner 'sportsspil'. Denne type spil har selvsagt konkurrence som et konstituerende element. I sportsspillet skal deltagerne konkurrere på lige vilkår, og formålet er at finde en vinder, som demonstrerer og får anerkendt sin overlegenhed i beherskelse af en færdighed. For at få denne anerkendelse er etablering af lighed for deltagerne helt centralt. Midlet til at sikre både lighed og dermed usikkerhed og spænding om forløbet af konkurrencen er reglerne, og derfor får de en særlig betydning i sportsspillet. De tjener til at suspendere virkeligheden ved at definere og tilstræbe en perfekt situation, som er karakteriseret ved netop kombinationen af lighed og usikkerhed. Og meget er stadig overladt til deltagerne:

> The game consists of the need to find or continue at once
> a response which is free within the limits set by the rules.
> This latitude of the player, this margin accorded to his
> action is essential to the game and partly explains the
> pleasure which it excites. (Callois 1958/ 2001: 8)

Friheden til at improvisere inden for regelsættets rammer forsyner sportsspillet med en basal usikkerhed, hvor både kvalitet og forløb af den enkelte konkurrence er højst usikker. Samtidig tildeler det deltageren i spillet en særlig rolle.

Sammenlignet med andre typer af spil har sportsspillene derfor den særlige kvalitet, at de ikke blot har oplevelsesværdi for deltagerne, men også for publikum, som kan opleve spillene gennem identifikation med spillerne (Callois ibid.: 22). Netop fordi sportstransmissionen er en direkte transmission af en sportsbegivenhed, hvor der visuelt gives adgang til oplevelse af spillernes måde at spille spillet på, kan man forvente, at genren har et særligt spændings- og indlevelsesmoment for seeren.

Sportsspillets kombination af at være aktiviteter, der er defineret gennem sine regler og ikke har noget formål ud over sig selv, betyder, at vi ikke kan betegne denne form for underholdning som kompensatorisk. Niels Gunder Hansen og Frederik Stjernfelt har betegnet fodboldspillet som "stiliseret adfærd, løsrevet fra indholdstilskrivning og hverdagslig formålsbevidsthed" (Hansen & Stjernfelt 1988: 12). Det har derimod sig selv som formål.

Hansen & Stjernfelt hæfter sig også ved reglernes betydning for deltagerne. Kravet om, at deltagerne skal underkaste sig spillets regelsæt, er ifølge dem medvirkende til at suspendere virkeligheden. Deltagerne får via reglerne en rolle, der afpersonaliserer dem. De bliver til "spiller-personligheder" eller "fiktive handlingsstereotyper" (Hansen & Stjernfelt 1988: 11-12) og vil under dette perspektiv derfor ikke være interessante som privatpersoner. Her ligger muligvis en kim til at forstå, hvorfor mange kernesportsseere ikke bryder sig om tv-stationers forsøg på at åbne stofområdet for nye seergrupper ved at lave 'human-interest'-vinkler på stoffet. Privatlivshistorier og nuancerede beskrivelser af sportsaktørers gøren og laden i ikkesportslige sammenhænge er ganske enkelt ikke relevant, hvis interessen for sport entydigt er spildefineret.

Callois er ligeledes inde på, at spillet og spillernes mulige relation til den omgivende virkelighed er noget særligt ved denne type spil. Sportsspillet er ikke en direkte afspejling af en aktivitet i virkeligheden. Det betyder, at spillet kan spilles "for real" (Callois ibid.: 8). Det får sin egen realitetsstatus, og som vi skal se senere, har denne kvalitet, hvor det univers, som etableres, hverken er ren fiktion eller virkelighed, stor betydning for seerne. Stiehler har valgt at kalde dette træk for en 'realitetsfordobling', hvor den normale realitet "bliver afmonteret uden at blive fornægtet" (Stiehler 2003: 162). Spillerne i spillet 'spiller som sig selv' – ligesom deltagerne i et reality-show 'spiller sig selv'. Deres handlinger har også konsekvenser uden for den enkelte kamp, nemlig for deres videre karriere som sportsudøvere. Publikum kan møde spilleren i virkeligheden på stadion eller dagen efter på den lokale gågade. Men til forskel fra reality-deltageren har sportsspilleren et tilhørsforhold til en branche og et fænomen, som har sin egen eksistens og historie uden for mediet.

Sportsspillets helt særlige kvalitet er dets udbredelse uden for mediet, hvorfor mange seere har konkrete erfaringer med spillet – erfaringer som kan aktiveres både kropsligt og kognitivt under seningen, og som ofte danner udgangspunkt for, at nogle seere opfatter sig selv som mindst lige så kompetente til at vurdere det oplevede som f.eks. tv's eksperter. Hvor eksperten i udgangspunktet er defineret ved at have et vidensmonopol inden for et velafgrænset vidensfelt og på den baggrund kan opnå en social særstatus (Arnoldi 2005), har sportstransmissionernes eksperter vanskeligere forudsætninger for at få etableret en sådan position i forhold til seerne, for så vidt angår selve spillet. Både fordi en del af seerne selv har omfattende erfaringer med sport og måske endda den pågældende sportsgren, og fordi de oplever spillet her og nu og via tv's billeder har næsten samme adgang til fænomenet som eksperten.

Følelsesmæssigt engagement i virkelige fortællinger

Mediebrug er grundliggende bestemt af de behov, folk ønsker at få dækket i en given situation. Det betyder, at mediebrug og sportssening konkurrerer med en række andre aktiviteter og oplevelsestilbud, som kunne opfylde de samme behov. Det omfattende udbud af både håndbold- og fodboldkampe på dansk tv betyder, at mange ser kampene fra de danske ligaer spontant og kun 'planlægger' sening af de kampe, der er særligt betydningsfulde for dem. Men den handling at *vælge* at tænde for tv'et for at se sport er i sig selv en kvalitet, da det er en markering af et frirum, hvor man holder pause fra sociale forpligtelser og søger oplevelser for deres egen skyld eller måske forsøger at 'garnere' praktiske gøremål med en særlig stemning. Oplevelsen er målet i sig selv, og hele situationen opleves som behagelig og 'hyggelig', fordi den netop er udtryk for overskud og selvbestemmelse.

Dette kunne i princippet gælde for et hvilket som helst program, men valget af sportstransmissioner er ikke tilfældigt. Spildimensionen er nemlig på flere måder med til at gøre sportstransmissionen til et særligt attraktivt program for seerne. Hver enkelt transmission rummer en afsluttet fortælling, som, ideelt set, er forbundet med både usikkerhed og spænding. De interviewede seere fremhæver dette strukturelle forhold som en særlig kvalitet ved programtypen, der adskiller den positivt fra f.eks. fiktionsserier, hvor seerne har oplevelsen af, at man skal engagere sig mere vedholdende over længere tid. For sportsseerne fremstår sportstransmissionen som et attraktivt valg, bl.a. fordi det lægger mere begrænset beslag på seernes tid. Programmerne opleves med andre ord som værende i besiddelse af en særlig fleksibilitet og tilpasningsevne i forhold til weekenden. Og typisk har seerne klare forventninger om, at programmerne *kan* tilvejebringe nogle særlige mentale og følelsesmæssige stemninger, f.eks. en oplevelse af afslapning, hygge og sportsfascination:

> Når vi ser det [sport] en lørdag eller søndag, så har man været ude at handle, eller man har været i byen, eller man har haft gæster, eller man har gjort rent eller noget. Og så er man egentlig hen på eftermiddagen, hvor det som regel starter, så er man sådan: Nej, nu gider vi altså ikke mere i dag. Så er det, at vi kan finde på; så tænder vi lige: Neeej, der er håndbold, ej hvor dejligt! Så kan man bare sidde i stolen og flade ud. (K 44 år håndboldseer)

Andre gange opsøges programmerne for at få en følelsesmæssigt opløftende eller engagerende oplevelse af spænding. Her kan det være en søgen efter intensitet, en indlevelse i måden, hvorpå en konkurrence afgøres, eller selve oplevelsen af at vinde eller tabe, som er det, man ideelt set søger:

> En god kamp er intensitet. Der er spænding, der er noget godt fodbold og nogle gode individuelle præstationer. (...) Det er den måde, spillerne opfører sig på under spillet, og træneren, og for den sags skyld, dommeren. Det er det engagement, som de lægger i det, og det er den uforudsigelighed, der også kommer omkring det, som aktørerne laver, og det, der sker. Den der ubevidsthed, der er, hvad sker der om to minutter? (M 50, fodboldseer)

> (...) så resultatet betyder mere, end at jeg bliver underholdt. (...) Jeg kan sagtens leve med, at de spiller en møgkamp, hvis de bare vinder alligevel. (M 26 år, fodboldseer)

> Det er sådan lidt det samme, hvor jeg rejser mig og stiller mig et andet sted hen, fordi jeg næsten ikke kunne klare det. Det er en fysisk oplevelse, der gør helt ondt. Og det er fedt. (M 35 år, håndboldseer)

Selvom seerne udmærket er klar over, at transmissioner fra bundkampe, kampe med hold, man ikke har noget forhold til, eller meget ulige kampe, ofte ikke leverer denne engagerende oplevelse, er de enige om, at den bedste oplevelse handler om 'at blive tændt' eller 'få sig et kick'. Den oplevelse kan være forbundet med ubehag, fordi man ikke kan holde spændingen ud, eller, som det er tilfældet for nogle fodboldseere, fordi man har svært ved at holde ud at holde med et hold, der konstant taber eller leverer dårlige præstationer. En af seerne i undersøgelsen påpeger, at han for at have en modvægt til dette ubehag også er fan af et spansk fodboldhold, der generelt leverer bedre oplevelser.

Oplevelsen af intensitet og spænding kan dog også komme uventet. Uforudsigeligheden i spillet er en grundliggende kvalitet, som betyder, at seeren i princippet skal 'holde sig parat'. I stedet for at søge spænding gennem en mere sikker leverandør som f.eks. en krimi eller gyser, fremhæver flere af seerne, at sportstransmissionen har særlige kvaliteter i kraft af begivenhedernes og spillets realitetsstatus:

Det her, det er jo det virkelige liv. Jeg synes, sport er god underholdning. Og det er med nogle mennesker, som træner og yder noget til daglig. (...) Så, jeg synes altså, der er noget særligt. Jeg tror selv, at man skal have været inde i det for at kunne forstå det. (M 62, håndboldseer)

Det er vel, fordi det er virkeligere på en eller anden måde, vil jeg tro, end sådan noget serie. Og man kan jo – der sker jo hele tiden nye ting ... Og når man har et tilhørs-forhold til de der klubber, så følger man lidt ekstra med og ved, at det ikke bare er en serie, der stopper i næste sæson, eller det er nogle manuskriptforfattere, som be-stemmer, hvad der skal ske. (M 23 år, fodboldseer)

(...) på et eller andet plan, så er der noget virkelighed i det. Fordi mange af de ting, som sker på fodboldbanen ... når de spiller professionelt (...) man bliver meget fasci-neret af det, de kan, fordi man ved, hvor svært det er at præstere i skud eller en dribling. På den måde, synes jeg, der er sådan en kobling til ens eget liv på et andet plan, end hvis jeg ser en amerikansk film, hvor de sprænger tre huse i luften. (M 24 år, fodboldseer)

Virkelighedsrelationen betyder først og fremmest, at oplevelsen af usikkerhed bliver større. I princippet kan alt eller intet ske, netop fordi der er grænser for, hvor kalkuleret spillet kan blive. Virke-lighedsrelationen ligger, som et af citaterne viser, også i spillets

forankring i klubber som reelt eksisterende organisatoriske enhe-
der, der har både geografisk og historisk betydning. Det betyder,
at oplevelseskvaliteten ikke lader sig specifikt afgrænse til selve
tv-transmissionen. Endelig er der ting, der tyder på, at spillets isce-
nesættelse af virkelige aktører uden for mediet, for nogle betyder,
at der måske lettere trækkes en forbindelse mellem den stiliserede
adfærd i spillet og mere grundliggende sociale problemstillinger
fra deres egen virkelighed:

> Jamen altså, jeg overfører måske også nogle ting, fordi vi
> har alle sammen brug for at samarbejde. Det er de færre-
> ste [tilfælde], hvor du bare er dig selv hele tiden. (K 32 år
> håndboldseer)

> Interviewer: *Så det med fairness og det menneskelige, er det, du
> synes er interessant?*
> Ja, det synes jeg. Fordi det er en del af en kamp og det
> er en del af et helt liv, i øvrigt. (K 50 år håndboldseer)

Spildimensionen viser sig også i en helt særlig forhåndsindstilling.
Stort set alle interviewede fremhæver, at de kun ønsker at se og
dele oplevelsen af programmerne med seere, der har samme grad
af interesse og forståelse af kampene, som de selv har. At dele op-
levelsen er meget centralt for oplevelsesværdien – underholdning i
sportstransmissioner handler i stort omfang om at opleve sig selv
som del af et fællesskab – men det skal altså helst være et fælles-
skab, der er baseret på ens egne præmisser:

> (...) det er måske også noget af det, der gør det hyggeligt at
> se [håndbold]. At hun [konen] er lidt med på den måde,
> som jeg selv er. Vi er sådan begge to med til at skabe en
> spænding i rummet omkring det at skulle se det, synes
> jeg. Og det virker sådan rart. (M 35 år, håndboldseer)

Det er det, der er forskellen på mig og min kone. Hun har ikke spillet håndbold, og hvis man ser håndbold og har dyrket det i en periode, så kan man identificere sig meget mere i det, der foregår inde på banen. Og så tænder de der lamper i frontallapperne, hvor man så kan få lidt sved under armen også. (...) Der skilles vore veje. Jeg går ind i det ene værelse, og hun bliver inde i stuen. (M 45 år, håndboldseer)

Ligesom legen kræver, at alle deltagere accepterer præmisserne for aktiviteten og går seriøst ind i den, er forudsætningen for en optimal oplevelse af sportstransmissioner, at en lignende 'legekontrakt' indgås mellem program og seere – og mellem seerne indbyrdes. Det hænger sammen med, at seerne kognitivt involverer sig ved mentalt at 'spille spillet', samtidig med at det foregår. Og på den baggrund trækker de sig i perioder væk fra 'her og nu'-oplevelsen for at diskutere og bedømme:

(...) du kan jo se andet som tilskuer [tv-seer], end når du er i situationen. Vi har jo 2-3 sekunder, nogle gange, til at opfatte det på skærmen, hvor man har 1 på banen. Og der skal bare reageres her og nu. Og så er det samtalen om: "Jamen, hvis hun nu havde spillet derind. Hvis hun nu havde gjort det og det". (K 32 år, håndboldseer)

For seerne er en væsentlig del af fornøjelsen ved transmissionerne at få denne oplevelse af, på distancen, at 'mestre' spillet. Det er derfor centralt, at de andre seere i stuen deler 'spillestil' og er på samme spilleniveau. Når de kan opfylde det, kan den enkelte seers psykologiske udbytte, nemlig oplevelsen af at være kompetent, forstærkes og motivere seeren for yderligere involvering (Vorderer et al. 2006: 6), ligesom seningen understøtter en oplevelse af fællesskab og forbundethed mellem seerne.

Som det fremgår af et af ovenstående citater, betyder denne mekanisme dog også, at rigtig mange seere faktisk ser transmissionerne alene – og reelt ikke har noget imod det. For flere af dem er oplevelsen alligevel tæt indvævet i et socialt netværk af 'ligesindede', som enten er til stede via mobiltelefonen eller sociale medier under transmissionen eller bidrager til oplevelsen efter udsendelsen. Et iøjnefaldende træk er således, at det individuelle og sociale er så tæt forbundet. Næsten alle de interviewede seere deler i et eller andet omfang oplevelsen med andre. For nogle begrænser det sig til, at man ser programmerne sammen med en ægtefælle eller ven, men for rigtig mange betyder det, at man stort set altid drøfter det sete med dele af sit sociale netværk bagefter. Sportstransmissioner ser således ud til at være indlejret i en omfattende interpersonel kommunikativ aktivitet, hvor de både er en ressource til at opbygge og vedligeholde relationer til andre, men hvor kommunikationen også forlænger den følelsesmæssige intensitet, forhandler betydning og skaber dybde i oplevelsen retrospektivt:

> Jeg synes, det er svært at have sådan en stemning bare for sig selv. Altså, når man har været lidt oppe at ringe i forhold til noget. Så er det da meget rart at få det ud. Og nogle gange, hvis jeg har set et eller andet, så har jeg også sendt en SMS til mine børn og: "Sådan noget shit", ik'. (K 59 år, fodboldseer)

> Altså, jeg kan egentlig godt lide at drøfte noget med X. (...) For eksempel det straffe i går, det er helt sikkert, at det kan vi blive meget uenige om. Og det er jo fint nok; så kan man bidrage med noget hver især, nogle nuancer som den anden ikke har overvejet. Så på den måde er det interessant, synes jeg. (M 46 år, fodboldseer)

Principielt er der lige adgang for alle til at deltage i denne udveksling, og betydningen kan komme mange steder fra og variere meget afhængig af fortolkerens videnshorisont og værdier. Uanset at tv i voksende omfang bidrager med ekspertperspektiver på spillet før, under og efter transmissionerne, er det karakteristisk, at seerne opfatter sig selv som eksperter på niveau med de officielle.

Oplevelseskvaliteten ved sportstransmissionen er også påvirket af, at det er risikobetonet at involvere sig, fordi man af flere grunde ikke kan være sikker på at få det ønskede 'kick'. Et middel til at få oplevelsesmæssigt udbytte af transmissionen er at vælge perspektiv og 'deltage' i spillet. Det er det, de fleste interviewede seere gør, når de holder med et af holdene i håndbold- og fodboldtransmissionerne, eller når en mindre del af dem indimellem oddser på kampene. Seeren bliver en deltager gennem identifikation med et hold eller ved i det mindste for en stund bevidst at tildele et hold sin sympati og derved give programmet relevans. Involveringen foregår ved, at seeren foretager forskellige værdiorienterede indlæsninger i kampene, hvor de enkelte hold kommer til at repræsentere helt enkle, men klare værdier:

Jeg kan godt lide Kolding og Fredericia. Fredericia er fantastiske. Det er sådan nogle helt almindelige drenge, der er kommet til at spille håndbold. Der er ingen stjerner på holdet. (K 70 år, håndboldseer)

Interviewer: *Er det sådan, at du vil sige, at du identificerer dig med FCK?*
Ja, som fodboldklub, for der er da mange ting, jeg kan kende lidt. Jeg er selv ret business-minded, ligesom i FCK. Der er jo mange, der proklamerer, at det ikke er en klub, men en forretning i stedet for. Og det kan jeg engagere mig selv med. (M 26 år fodboldseer)

For mange af seerne er det en lidt diffus og ureflekteret form for geografisk identitet, som basalt set afgør, hvilke værdier der indlæses, og hvilket hold man holder med. Seerne er ikke tilbøjelige til at søge indlevelsen via bestemte spillere, men snarere på hold- eller klubniveau, hvor de ses som repræsentanter for en bestemt spillestil eller en bestemt måde at være klub på, som seeren kan identificere sig med. Havde undersøgelsen fokuseret på international fodbold, der udmærker sig ved større eksklusivitet og flere store stjerner, kunne man forvente, at det havde set anderledes ud.

I en analyse af fodboldfans er Arve Hjelseth inde på, at publikums følelsesmæssige relationer til sportsklubber og hold på grund af spildimensionen får en anden karakter end til f.eks. rockstjerner. Deltagelsesmomentet og spillets 'her og nu'-karakter betyder nemlig, at fodboldfans i højere grad identificerer sig med holdet eller udøveren, end f.eks. musikfans gør med deres stjerner. Hjelseth er også af den opfattelse, at den vedvarende udskiftning af spillere på et hold er en del af forklaringen på, at interessen mere knytter sig til holdet og klubben end til de enkelte spillere. Den konstans, som klubbernes historie repræsenterer, er vigtig for identifikation, men relationen etableres ofte gennem stærkt selektive processer, hvor en fan tillægger klubben helt bestemte værdier. Processen kan have karakter af projektion, hvor det ikke er alle kvaliteter ved klubben, som seeren knytter sig til, men snarere udvalgte eller forestillede træk (Hjelseth 2006: 38). Der kan ikke herske tvivl om, at seerne af både håndbold- og fodboldtransmissioner er aktive konstruktører af de identifikationspunkter, som gør, at de vælger at holde med et hold frem for et andet. Spillet bliver altså bærer af værdier, som ligger uden for spillet og programmet selv.

De fællestræk, som kendetegner oplevelsen hos udvalgte danske håndboldliga- og danske superligaseere er i et vist omfang træk, der også gælder hos seere af andre sportstransmissioner. Også transmissioner fra f.eks. cykling, motorsport og tennis involverer grundliggende oplevelser af følelsesmæssig involvering, selvbestemmelse, kompetence og fællesskab. Spændingsmomentet er forskelligt i de forskellige sportsgrene, tv har forskellige teknologiske muligheder for audiovisuelt at formidle begivenheden, og endelig er der sportsgrene, hvor spændingsmomentet ikke har samme rolle. Kigger vi mere snævert på fodbold- og håndboldtransmissionernes mange strukturelle lighedstræk, er det tydeligt, at oplevelseskvaliteten er forskellig og at håndbold- og fodboldtransmissionerne giver seerne forskelligt rum for at få oplevelser. Spillenes udstrækning i tid og rum og deres krav til fysisk beherskelse (at styre en bold med hånd eller fod) er forskellige, og det har en afgørende betydning for det dramatiske element – og dermed tv's formidling og seernes måde at underholde sig på.

Fodboldseeren: Tilhørsforhold, viden og socialitet i centrum

Ifølge Hjelseth er fodboldens dominerende position på tv-markedet faktisk et paradoks. Spillets narrative struktur står for en umiddelbar betragtning i kontrast til tendenserne i megen moderne tv-underholdning:

> Fotball fremstår bare unntaksvis som en fartsfylt underholdningsfest, som isolert sett skulle kunne sette store følelser i sving. De virkelige høydepunktene fra en kamp kan ofte komprimeres ned til et minutt eller to i et sammendrag. (...) Moderne tv er for eksempel ofte bygget opp slik at dødpunktene er færrest mulig og kortest muligt, for at unngå at seerne zapper forbi. (...) Fotballen oppfyller i liten grad disse kriteriene. (Hjelseth 2006: 35)

For Hjelseth betyder det, at fodboldspillets popularitet skal findes i mere end spillets isolerede underholdningsværdi. Som vi allerede har været inde på, kan dette dog siges at gælde generelt for sport forstået som spil, da de er 'åbne' og kræver kognitivt samspil fra publikum for at give mening overhovedet.

En central pointe hos Hjelseth er, at det dramatiske element i fodboldspillet er afgørende for at forstå fodboldpublikummets særlige engagement, og at dette engagement er af en anden karakter end ved spil, som præges af kontinuerlige højdepunkter – som f.eks. håndbold. Fodboldpublikummet kan have langt færre spillemæssige højdepunkter, der til gengæld dyrkes med stor entusiasme i diskussioner under og efter kampene. Sammenlignet med håndboldtransmissionerne er det dog tydeligt, at fodboldtransmissionerne trækker på en anden form for oplevelsesmæssig intensitet, der bl.a. skabes ved, at fodboldpublikummet vælger at 'holde med' og identificere sig med et hold:

> Samtidig som mange kamper er relativt hendelsesløse, kan det avgjørende øyeblikket indtreffe når som helst. Uforutsigbarheten skaper engagement i og med at en engasjert supporter alltid er på tå hev, i visshet om at noe avgjørende plutselig kan skje. I ettertid kan mange gjenfortelle og diskutere alle dramatiske hendelser i kampen, fordi det sjelden er særlig mange av dem. (Hjelseth 2006: 40)

Fodbold har en stærk fan-kultur, som giver tv-oplevelsen noget særligt. For mange af de yngre seere er tilhørsforholdet så tæt, at de iklæder sig klubbens trøje – ikke mindst når de skal se kampe:

> Jeg kan godt lide at have min AGF-trøje på. Så føler man, at så er man lidt med. (M 29 år, fodboldseer)

> Jeg kan da godt tage en trøje på, hvis det er det. (...) Hvis jeg sidder herhjemme, det kan jeg godt finde på lidt for sjov – måske for at drille min kæreste lidt – men jeg tror, det er, fordi jeg glæder mig. (...) (M 31 år, fodboldseer)

At iklæde sig sin klubtrøje er almindelig identitetsmarkerende praksis blandt de yngre seere, når de skal se kampe sammen med andre. Men det kan altså også være et middel til mentalt at styrke den individuelle indlevelse og fornemmelsen af at deltage. Fodboldens anderledes dramaturgi betyder også, at både publikum på stadion og seerne hjemme foran tv-skærmen får bedre plads til at være sociale:

I en fodboldkamp har du plads til, at du lige godt kan
dreje dig og snakke videre, altså, og man kan godt lige
være social, samtidig med at man ser fodbold og stadig
har en interesse for kampen. Selvom man ikke gør det,
når AGF spiller, for så skal man være fuldt fokuseret.
Tænk nu, hvis de lavede noget godt. (M 28 år, fodbold-
seer)

I forhold til transmissionerne fra den danske liga viser det sociale
sig ikke ved mere gruppesening, men ved at rigtig mange af de mid-
aldrende og især de yngre fodboldseere under seningen interagerer
med deres sociale netværk ved hjælp af mobile medier og således
får etableret og vedligeholdt et fællesskab omkring oplevelsen. Der
kommenteres, hånes og diskuteres på livet løs – tilsyneladende ikke
mindst fordi dramaturgien giver seeren tid til det.

At socialiteten betyder meget for fodboldseerne, fremgår også
indirekte af, at de sammenlignet med håndboldseerne stort set
alle lægger meget større vægt på kommentatorrollen. Kommen-
tatoren er en vigtig oplevelsesmæssig instans, idet vedkommende
både etablerer en kontakt mellem program og seer, giver et tilbud
om samvær og meningsudveksling omkring kampen og medvirker
til, at seeren kan orientere sig i et til tider lidt kaotisk univers:

(...) han opsummerer sådan, hvad der sker i kampen me-
get fint, og ved en masse om fodbold og har styr på sine
facts. (...) Og bare sådan generelt er god til at opsummere,
hvad der er sket. Der er nogle, der ikke tør tage et stand-
punkt, og der er han sådan meget god. Ser tingene klart
og sådan noget. (M 23 år, fodboldseer)

(...) det, synes jeg, giver en sådan god effekt, at de kan køre
sådan lidt venskabeligt på hinanden. Altså, det er jo også
det, man selv gør, hvis man sidder og ser en fodboldkamp
sammen med en kammerat. (M 24, fodboldseer)

Flere af de interviewede berører kvaliteten af kommentatorens stemme som noget meget væsentligt. Der er ikke enighed om, hvad der er en god eller en dårlig stemme, ligesom der ikke er enighed om, hvad der kendetegner en god kommentator – ud over at han eller hun skal være engageret og vidende. Men kommentatorerne udgør et væsentligt selvstændigt oplevelseselement som parasocialt selskab for seeren – de skal være 'hyggelige mennesker' og kunne 'tale ud af skærmen'. For at udfylde den rolle optimalt skal kommentatoren i form og indhold være inkluderende i forhold til seerne, hvilket betyder, at fokus i alt, hvad der tales om, skal være spilrelateret. Kommentatoren må heller ikke forfalde til indforståetheder med en eventuel medkommentator.

Det store udbud af fodbold på tv betyder, at fodboldseeren er meget selektiv. Ofte er det kun transmissioner fra favoritholdets kampe, som ses koncentreret, mens oplevelsen af andre transmissioner er mere 'distræt' og suppleres ved f.eks. at indhente internetinformationer om resultater, stillinger og scoringer i andre parallelkampe både i den danske og i andre ligaer. Oplevelsen er i disse tilfælde ikke så meget en fokuseret kampoplevelse, men snarere en afslappet nydelse ved at være i kontakt med fodbolduniverset som sådan.

Selvom fodboldtransmissionerne ikke har så mange højdepunkter i form af mål, skaber en stor gruppe af fodboldseerne i en vis forstand deres egen underholdning ved at inddrage erfaringer og viden, som er erhvervet over lang tid, f.eks. gennem andre medier eller personlig træning. De har en ekspertviden, som de bruger meget aktivt til at skabe en form for dybde i oplevelsen af spillet, idet det sætter dem i stand til at finde særlige meninger og relevans i noget, som for en overfladisk betragtning kan forekomme at være en kedelig kamp. Den kognitive aktivitet er forudsætningskrævende, men forstærker i allerhøjeste grad en oplevelse af at være kompetent:

[Hvad er] seværdig fodbold? (...) Men man kan jo se den dybere mening med, hvad det egentlig er, de gerne vil med det, de fremøver. Man kan godt se, at det er en bevidst handling, at de spiller defensivt, eller de spiller offensivt. Det kan jeg godt lide. (M 50 år, fodboldseer)

Det er sgu lige meget, om det er en kedelig kamp eller en meget livlig kamp. Fordi det bygges jo op. Der er jo taktiske tiltag under sådan en kamp, og dem synes man godt, man forstår. (...) Det er et kapitel, som man skal igennem, for at man kan bygge op til en periode i kampen, hvor vi satser lidt mere. Der sker jo en masse under sådan en kamp, som har betydning for chancerne, og for at holdet kommer frem til det resultat, som man ønsker. (...) vigtigheden af en kamp, den skal man sætte sig ind i. (M 47 år fodboldseer)

Denne tilgang til oplevelsen er udbredt hos fodboldseerne, og den understøttes af en adfærd, hvor de dagligt opdaterer deres viden om dansk og international fodbold via nyhedssider på internettet. Denne oplevelse understøttes af et andet centralt bidrag fra mediet, nemlig den langsomme gengivelse, hvor seer og kommentator så at sige deler perspektiv på begivenheden. For alle fodboldseerne udgør denne del af tv's formidling en helt central oplevelsesmæssig ingrediens, da det fastholder og gentager de måske afgørende, dramatiske eller æstetiske højdepunkter, som spillet rummer, men som seeren måske ikke har haft opmærksomheden på, da de skete. I transmissionen er seeren dermed sikret en oplevelse af højdepunkterne i en fodboldkamp i en hjemlig ramme, og det får mange af fodboldseerne til at foretrække den mere magelige oplevelse hjemme i stuen frem for at gå på stadion. De er helt på det rene med, at tv med sit prioriterede visuelle fokus på bolden begrænser spiloplevelsen og f.eks. ikke formår at give dem et overblik over spillet og spillernes indsats eller fornemmelse af stemningen på stadion. Til gengæld sætter de stor pris på transmissionens gengivelser af mål, tekniske detaljer eller dramatiske situationer, som først og fremmest er med til at intensivere seerens følelsesmæssige engagement:

Altså, man får en helt anden indsigt i det, når man lige får
at se, hvor dygtige de er, eller hvor intenst det er. Altså, det
bliver forstærket på mange måder. (M 25 år, fodboldseer)

(...) og så kan man diskutere, arrggh, så hårdt blev han
heller ikke ramt. Der er ingen grund til, at han ligger og
tuder så længe. Hvis man holder med AaB, så siger man:
Hold kæft, hvor var det et groft frispark; han skulle som
minimum have det gule kort. (M 50 år, fodboldseer)

De langsomme gengivelser kan ikke i sig selv gøre en kamp spæn-
dende for seerne, dertil kender de spillet for godt, men de kan inten-
sivere oplevelsen af fysiske konfrontationer og styrke fascinationen
af tekniske detaljer. Gengivelserne har dog også en indsigtsgivende
funktion, som trækker oplevelsen i en nøgtern retning:

Man får afgjort det der med, om der nu var straffe, eller
om der ikke var straffe. Men det har du egentlig ikke brug
for, når du sidder på stadion. Fordi der er en anden in-
tensitet. (...) Jeg synes ikke, at der er nogen fordel ved at se
det [langsom gengivelse] på stadion, fordi der lever man
nu, som man tror, det er. (M 50 år, fodboldseer)

Men de afgør jo de ting, som, hvis der ikke var en 'slow',
man kunne bruge 10 minutter på at diskutere. Om der
var hånd på eller ikke. Om det var forceret eller ikke force-
ret. Det bliver afgjort nådesløst, når man får en 'slow'. (M
60 år fodboldseer)

Tv-transmissionens fastholdelse af udvalgte situationer har en
stærkt afklarende funktion for seeren og er med til at trække se-
eren over i en vurderende og analyserende oplevelsesposition, som
for nogle er klart at foretrække frem for oplevelsen på stadion. For
nogle er dette træk centralt, fordi det støtter oplevelsen af at være
kompetent og få klarhed, og fordi det drypper malurt i bægeret.

For flere er denne 'mer-viden' nemlig ikke altid let at forene med en særlig sympati for et af holdene. Der kan komme skår i glæden for nogle, når de ved, at sejren måske ikke er helt retfærdig pga. en forkert kendelse. Dommeren har skabt en uønsket ulighed i spillet. For andre er dommerens mulige uretfærdige kendelser en del af spillets usikkerhed og et vilkår ved hele spillet, som man må indstille sig på.

Håndboldseeren – variation, intimitet og kompetence

For håndboldseerne betyder spillets mere begrænsede udfoldelse i tid og rum, sammen med dets fortløbende leverance af 'action' i form af skudforsøg, mål og fysisk kontakt, at det oplevelsesmæssige fokus i langt større udstrækning knytter sig til en umiddelbar glæde ved at opleve og mestre spillet, mens det står på. Spillets anderledes dynamik er den direkte årsag til, at nogle seere foretrækker at se håndbold- frem for fodboldtransmissioner:

> Der er også nogle gange i fodbold, at et pissedårligt hold kan vinde over et godt hold, hvis de er heldige nok. Det kan ikke lade sig gøre i håndbold. Det mener jeg ikke, det kan, fordi der er så meget mere angreb frem og tilbage. (M 48 år, håndboldseer)

> Håndbold, der sker der hele tiden noget. Det er en hård og kontant, men flot sport. Og så er der en overkommelig kamplængde. (K 70 år, håndboldseer)

> Men jeg ser gerne en hel håndboldkamp, men jeg har ikke altid overskud og eller lyst til at sidde og se en hel fodboldkamp. Det siger mig for lidt. Så kan jeg godt finde på at give mig til noget andet. Men hvis det er håndbold, så har jeg svært ved at gå. Der sker noget, og jeg synes, det er meget mere underholdende og en meget mere lækker sport. (K 44 år, håndboldseer)

Dramaturgien forsyner først og fremmest spillet med et andet usik-kerhedsmoment, hvor intet er sikkert, før kampen er slut, mens resultatet forekommer mere retfærdigt. Seerne føler sig mere sik-ker på at få et oplevelsesmæssigt udbytte af en transmission, da der konstant er action og højdepunkter. Det er samtidig ikke så 'risikobetonet' at involvere sig følelsesmæssigt i en håndboldtrans-mission, ligesom behovet eller traditionen for at 'holde med' et af holdene tilsyneladende ikke er så stærkt. Selvom de fleste intuitivt holder med et af holdene, er relationen tilsyneladende mere flygtig og ikke så afgørende for at kunne leve sig ind i spillet:

> Jeg synes, at håndbold har en ekstrem større underhold-ningsværdi end fodbold. (...) fodbold, jeg ved ikke, jeg har sgu mistet det. Jeg synes egentlig ikke, at sporten som sådan er særlig spændende. Hvorimod håndbold, det er meget mere hurtigt, og der sker meget mere. Der kan jeg godt blive fascineret af en kamp og blive hængende, selvom der ikke er noget på spil, i forhold til at jeg holder med det ene eller det andet hold. (M 35 år, håndboldseer)

> Jamen, jeg holder for det meste med et hold, men ikke et bestemt hold. Det kommer an på, hvem der spiller. Det kan lige så meget være: Nej, nu synes jeg, at det hold burde vinde, fordi de nåede ikke så langt sidste år, eller nu er det deres tur til at komme i gang. (K 32 år, håndbold-seer)

Derudover har spillet pga. sin mere begrænsede rumlige og tidslige udstrækning både en dynamik samt en taktisk og fysisk dimension, som påkalder sig og kræver seerens kontinuerlige opmærksomhed, men også giver en mere umiddelbar oplevelsesmæssig gevinst i form af mange flere scoringer. Seerne fremhæver håndboldtrans-missionerne for deres variation og intensitet og påpeger, at de kun i begrænset omfang giver plads til socialt samvær under seningen:

Jeg er total vanedyr, hvad det angår. Helst en kop te i nærheden, og enten så sidder jeg bare og ser, og så ser jeg kun det. Eller så sidder jeg og ruller cigaretter samtidig med. (...) Men jeg kan ikke lave andet end de to ting. (...) jeg skal ikke have alle mulige til at gå rundt. (K 32 år, håndboldseer)

Med Anette har jeg den aftale, at hvis der er håndbold, at vi kan godt snakke, men jeg behøver ikke at se på hende, når jeg svarer hende. Jeg kan godt følge med i kampen. (K 70 år, håndboldseer)

Jeg kan faktisk bedst lide, når vi ser det, ikke ret mange. Hvis der sidder flere, så synes jeg ikke rigtigt, at man kan følge med. (M 70, håndboldseer)

Oplevelsen af håndboldtransmissionerne er for seerne en langt mere koncentreret tv-oplevelse afgrænset til stue-rummet i overskuelige to gange 30 minutter. I den forstand betragter seerne programmerne som særdeles effektive og pålidelige leverandører af underholdning, hvor der ikke er tid til eller behov for at benytte andre medier undervejs eller at aktivere et større socialt netværk for at triumfere eller diskutere det sete. Det reflekterer først og fremmest, at spillet – og transmissionen – i sig selv er så afvekslende og intenst, at det lægger fuldt beslag på seernes opmærksomhed. Der er fuldt fokus på at følge med i spillet, og det afspejles også ved, at håndboldseerne ikke tillægger kommentatorfunktionen stor betydning for deres oplevelse. Nedtoningen af det sociale afspejler dog også en anden tilhængerkultur i sporten.

Seerens mere begrænsede behov for selv at skabe en social ramme omkring oplevelsen af programmerne kan også hænge sammen med, at håndboldkampene udfolder sig i et mindre og mere intimt rum end fodboldkampene. Det betyder nemlig, at transmissionerne audiovisuelt er i stand til at bringe seerne tættere på begivenheden selv:

Man kan overskue næsten fra den ene ende af banen til
den anden i ét blik. (...) Altså, ved en håndboldkamp, der
har du ligesom hele billedet. Der har du hele banen på
én gang. Jeg tror måske også, det har noget at sige. Det er
med til at give liv og sådan, det nærvær, eller man føler,
man er en del af det. (K 50, håndboldseer)

Modsat fodboldseeren har håndboldseeren en oplevelse af at få
en mere fuldkommen formidling af spillet og et intimt nærvær i
forhold til både spil og stemning i hallen. Mediet forekommer nær-
mest usynligt for seeren, og det er den 'situative' fornøjelse ved at
sætte sig i spillernes eller trænernes sted og derved mentalt at 'me-
stre' spillet, som synes at være det afgørende centrum for mange:

Jamen altså, man følger jo spillet hele tiden, fordi man
tænker: Jamen, hvis det nu havde været mig. (...) Altså,
hvis man ser en stregspiller, der er helt fri, og der er en
bagspiller, der synes, han kunne gøre det lige så godt.
Så kan jeg da ikke lade være med at kommentere det.
Så kunne han jo lige så godt have givet stregspilleren en
chance. (K 50, håndboldseer)

Håndboldseeren skal ikke i samme omfang som fodboldseeren kun-
ne underholde sig selv ved at trække ekstra viden ind for at skabe be-
tydning og oplevelsesværdi. I håndboldtransmissionen ser man hele
tiden to hold på skift skabe chancer og lave scoringsforsøg, og hvis
bare seeren har viden om regelsættet, har han eller hun den basale
kode til mentalt at følge, bedømme og vurdere den indsats. Spillet
er afgrænset til et ret overskueligt fysisk område, som tv formår at
give seeren et overblik over, og spillets konstant skiftende forsvars-
angrebsstruktur, betyder, at spillet ikke levner så meget plads til in-
dividuel improvisation eller 'trækken tiden ud', som f.eks. fodbold
gør. Tematisk viser det sig hos seerne, der fremhæver spillets særlige
krav til spillerne i stressede situationer om at finde en balance mel-
lem 'hjerne og muskler' og mellem hold og individ.

Sidst, men ikke mindst, skal det fremhæves, at dramaturgien betyder, at træneren rent fysisk er tættere på spillerne og kontinuerligt kan skifte spillere ud. Der er derfor alt i alt et andet og mere fremtrædende systemisk og kalkulerende element i håndboldtransmissionerne, som viser sig ved, at seerne netop dyrker 'her og nu'-oplevelsen og søger en oplevelse af kompetence ved at fokusere på spilforståelse. Det betyder også, at en del af dem har fokus på trænernes bidrag til kampene og bruger dem som identifikatorisk indgang. Endelig betyder det, at nogle af seerne specifikt har en præference for at se kvindehåndbold, fordi spillet her er en anelse langsommere og mindre fysisk end herrernes og dermed gør det lettere for seeren at forudsige og nyde samspillet og det taktiske element i spillet.

Tv-oplevelse – en del af et større billede

Interviewene med seerne giver et nuanceret billede af, hvordan oplevelsesværdien i sportstransmissioner kan være meget forskellig. Det kan både dreje sig om afslappende nydelse ved at være i følelsesmæssig kontakt med et sportsunivers, og det kan handle om at få et følelsesmæssigt kick gennem en oplevelse af spænding. Ligeledes har det vist sig, at tv-seerne i høj grad selv er med til at producere underholdningen, men også at der er forskellige måder at skaffe sig oplevelserne på, og at der er en meget tæt sammenhæng mellem det individuelle og det sociale i underholdningsproduktionen. Netop det forhold, at sportsseeren selv er så aktiv, betyder, at man i nogle tilfælde kan spørge, hvorvidt der overhovedet er tale om en tv-oplevelse.

Nogle af de forskelle i måden, hvorpå håndbold- og fodboldseeren underholder sig, hænger ikke kun sammen med forskelle i de to transmissionstyper. De viser også, at seerne har forskellige interesser, som tydeligst viser sig gennem deres forbrug af øvrig mediesport og den kommunikative aktivitet, som tv-oplevelsen indgår i. Interviewene er ikke lavet for at fremanalysere forskelle i mænds og kvinders sportssening. Ikke desto mindre har de frembragt en række data, som indikerer forskellige mønstre i oplevelserne, som tyder på, at nogle seere – og det er især mændene – har en oplevelse, hvor tv-mediet spiller en vigtig, men ikke nødvendigvis enevældig, rolle. Og for andre seere er interessen langt mere koncentreret om at være en del af et følelsesmæssigt fællesskab omkring skærmen hjemme i stuen.

En af de umiddelbart indlysende forklaringer på håndbold-transmissioners evne til at trække et bredere publikum har været, at tv startede dækningen af håndbold i forbindelse med, at dansk kvindehåndbold oplevede et stort internationalt gennembrud. Tv har i årene efter i stort omfang dækket både dansk herre- og kvin-dehåndbold, og der er ingen tvivl om, at kvindelige seere indled-ningsvist er blevet tiltrukket af transmissionernes kønsmæssigt mere relevante identifikatoriske indgange. Dette synes dog kun at være en del af forklaringen, da seerinteressen i det lange løb ikke entydigt følger køn i transmissionerne. Mænd ser gerne kvinde-håndbold og omvendt – det afgørende er, om transmissionerne kan levere underholdning i form af spænding, teknisk og taktisk ekvilibrisme og kendte danske stjerner.

En del af seerne prioriterer ikke sport så højt, at de føler trang til at supplere seningen gennem et systematisk forbrug af håndbold og fodbold i andre medier. Dette gælder for hovedparten af de kvindelige seere og for enkelte af de mandlige. En af de mandlige seere sagde direkte, at han ikke er en "fodboldnørd", men blot kan lide at se kampene. Flere af de interviewede seere giver også ud-tryk for ikke at have noget større behov for at kontekstualisere og dermed udvide, forlænge og forstærke tv-oplevelsen gennem snak med andre. Tv-oplevelsen er god nok i sig selv og opfylder seerens oplevelsesbehov, eller seeren føler sig ikke tilpas i den måde, hvorpå snakken foregår:

> Men de snakker jo også om: Jamen, nu skal de bare vinde tre gange, så kommer de over eller under noget. Og sådan nogle ting, der føler jeg mig slet ikke vidende nok. Og der

har jeg det sådan lidt, jeg har heller ikke et behov for at deltage på den måde i debatten. (K 38 år)

For en stor gruppe seere – hvoraf mændene klart er i flertal – er tv-seningen dog stærkt understøttet af et systematisk, dagligt og til tider ret omfattende forbrug af sport i andre medier. Lidt afhængig af alder bruger de tid på dagligt at søge informationer om håndbold eller fodbold på tekst-tv, i avisen, i daglige sportsnyheder og frem for alt på nyhedstjenester på internettet. Sport fylder som helhed meget mere i deres hverdag, og de har en særlig interesse for at indsamle faktuel viden om feltet og være opdateret. Dvs. de har en meget stor videnshorisont at trække på under oplevelsen af transmissionerne. Denne omfattende, men samtidig snævre interesse får en stor del af dem dyrket gennem kommunikation med andre om de sete kampe. Transmissionerne udgør for disse seere en central ressource, når der skal kommunikeres med andre, hvor de både er med til at give dem identitet og facilitere en kontakt til andre.

Fodbold- og håndboldtransmissionerne indgår for hovedparten af alle de interviewede mandlige seere i denne slags socialt netværk. Det fungerer som det, en af dem kalder en "fælles tredje", hvor man har mulighed for at få kontakt og anerkendelse, opleve nærhed og fællesskab og udforske sig selv og hinanden gennem uenigheder uden at risikere, at det bliver for intimt eller for forpligtende.

For disse seere kan det være meget vanskeligt at afgøre, hvorvidt der er tale om en tv-oplevelse eller en oplevelsesform af en bredere karakter. Måske betyder den store åbenhed i sporten, at vi må konstatere, at underholdningsværdien ved tv-sport er umulig præcist at undersøge, fordi den hele tiden kontekstualiseres. Netop fordi sport også er et fænomen uden for tv-mediet, er kilden til oplevelsen diffus. Crawford (2004: 106) er inde på noget lignende, idet han pointerer, at for fans er sport ikke bare noget, som finder sted et bestemt sted på et bestemt tidspunkt, men noget, der hele tiden eksisterer i forestillinger, konversationer, sociale netværk, venskaber og vareforbrug.

TV OG SPORT I ET NYT
MEDIELANDSKAB

Trods 1990'ernes forudsigelser om tv's død efter internettets gennembrud, bruger danskerne stadig deres fjernsyn. Den nye digitale teknologi har dog påvirket tv-sporten og sat væsentlige forandringer i gang. Men hvordan navigerer tv-sport i dette medielandskab? Kommunikationsudviklingen og seernes adfærd og behov følges ikke ad, og det har været svært for tv-cheferne at finde den rigtige vej at gå. Internationalt har denne situation givet anledning til spektakulære og store økonomiske sammenbrud, når sports- og medieorganisationer har fejlvurderet udviklingen. Det så vi f.eks. i 2002 i tysk klubfodbold, hvor deres mediesamarbejdspartner Kirch gik konkurs pga. en fejlvurdering af det tyske marked for betalings-tv. En lignende situation opstod samme år i England, da engelsk klubfodbold havde indgået rettighedsaftaler med en ny digital tv-station, men hvor seerne ikke anskaffede sig digitalt tv i det forventede omfang og tempo (Boyle & Haynes 2004). Det nye årtusinde blev således indledt med internationale cases, der demonstrerede, at der er grænser for, hvilke nye mediemarkeder selv noget af det mest eftertragtede og eksklusive sportsindhold kan bygge op. Og at situationen har været så usikker, at selv meget erfarne medieaktører har kunnet begå fejl.

Overflod og multitasking

I dag er vi i stigende omfang i kontakt med hinanden og omverdenen gennem forskellige medier. For den sportsinteresserede har digitaliseringen først og fremmest medført, at man har adgang til meget mere sportsstof:

Online sport content distribution mechanisms, particularly video streaming and download technologies, are restructuring the media sport content economy by creating "digital plenitude" where once there was comparative scarcity in terms of quality content and channels of communication. (Hutchins & Rowe 2009: 356)

Denne 'overflod' beror på, at de hidtidige barrierer for både at producere og modtage medieret sportsindhold generelt set er sænket. Den digitale teknologi har i det hele taget gjort det både nemmere og billigere at producere og distribuere sport, og dette kan udnyttes på både nationalt og globalt plan. Global distribution af transmissioner via 'pirathjemmesider', direkte meningsudvekslinger mellem fans og sportsstjerner på sociale medier, og fans' distribution af egne videooptagelser fra store begivenheder er eksempler på nye internetbårne fænomener, som har potentiale til at forandre den økonomi og kultur, som samarbejdet mellem sport og tv hidtil har formet.

Den hastige vækst i såvel sportsindhold som andre former for underholdning har generelt medvirket til at fragmentere publikum. Indtil videre har det dog ikke dæmpet broadcast-tv's interesse for at dække de helt store sportsbegivenheder. Netop deres evne til at 'samle' nationen er mere værdifuld for nogle tv-stationer end nogensinde, da det nationale fællesskab er blevet en del af et kommercielt virkningsfuldt brand, eller fordi kontakt med hele befolkningen er nødvendig for at have opfyldt en kulturpolitisk forpligtelse. Det betyder så også, at vi ikke skal forvente, at den økonomiske og sportslige polarisering, som tv historisk har afstedkommet i sporten, automatisk vil aftage.

Et centralt forhold ved den nye digitale teknologi er, at den har ændret tv-seernes adfærd. Dette vil givetvis sætte sig endnu tydeligere igennem i de kommende år. Selvom sportsseeren altid har været en mentalt aktiv seer, så har den digitale teknologi gjort seeren aktiv i en helt ny forstand. Nyere undersøgelser af danskernes mediebrug viser således, at tv-seningen har været stigende igennem de sidste 5-6 år, så danskerne i dag har den nordiske rekord i tv-sening, men samtidig er deres adfærd ude foran skærmene ved at ændre sig betragteligt (DR 2012). Danskerne 'multitasker' i høj grad, når de ser tv, og selvom aviser og ugeblade altid har ligget i stuen, og læsning har været en del af adfærden hos en del danske tv-seere, så er den 'multitasking', som de digitale medier giver mulighed for, mere involverende. Den teknologiske baggrund for forandringen ude i stuerne er udbredelsen af trådløst netværk og udviklingen af smartphones, som betyder, at danskerne fra hjemmets sofa og til dels foran tv går på internettet via mobiltelefonen (DR 2012, Gretlund et al. 2011). Den digitale teknologi betyder også, at seerne ser programmer på tværs af forskellige skærme (tv, computer, tablet, mobil), skaber indhold og forventer at blive hørt.

Hvor man i 1990'erne var stærkt tilbøjelig til at se forholdet mellem gamle og nye medier gennem en 'erstatningsoptik' (Finnemann 2006), har udviklingen vist sig snarere at gå i retning af sameksistens, bl.a. fordi mediebrugernes forbrugsmønstre og behov ikke forandres med samme hast og efter samme logikker som teknologien. Ligeledes er der mere nuancerede sammenhænge mellem bestemte former for indhold og den sociale brug, som medierne indgår i, som man har været tilbøjelig til at overse i den meget generelle debat om de nye medier. Udviklingen giver derfor ikke anledning til at tro, at broadcast-tv har udspillet sin rolle som sportsmedie i nærmeste fremtid. Men det vil givetvis blive suppleret med mange forskellige andre typer medieret sportsindhold. Historisk har fjernsynet haft en enestående evne til at nedbryde nationale grænser, forandre sporten og formidle sportsoplevelser langt ud over de sportsinteresseredes rækker. Tv har dermed medvirket til at give sport en meget stærk samfundsmæssig og kulturel status, som kan betragtes som hele forudsætningen for, at sport også er kommercielt centralt på internettet (Hutchins & Rowe 2009: 355). I dansk sammenhæng er f.eks. etableringen af sportsnyhedssites som bold.dk og sporten.dk eksempler på nye medieaktører, der lever af den interesse, som tv er og har været med til at etablere. Broadcast-tv's overlegne styrke, når det gælder liveoplevelser, betyder, at de digitale medier ikke kun 'stjæler' publikum fra tv, men snarere fungerer som platforme, der er med til at bygge tv's publikum op – ligesom avismediet i princippet har gjort for tv i mange år.

Opbrud i etablerede hierarkier og relationer

Det er i høj grad de sociale medier, der har gjort det muligt for publikum og sportsudøvere selv at blive producenter og distributører af sportsindhold. Det har givet en massiv fremvækst af 'amatørindhold' af både skriftlig, visuel og audiovisuel karakter. Det traditionelle sportsmediehierarki er dermed i princippet anfægtet – amatøroptagelser lagt ud på YouTube kan ofte få et langt større publikum end materiale produceret af medieprofessionelle. Forholdet mellem journalister og deres publikum ændres også potentielt som følge af disse medier, dels fordi de kan komme i dialog, dels fordi sociale medier bliver platforme, hvor sportsudøverne kan kommunikere direkte til og med publikum. I det hele taget er sportsjournalisters historisk tilkæmpede rolle som centrale formidlere *mellem* sport og publikum kommet under pres. Den særlige status, som massemediernes privilegerede adgang til på den ene side sportens verden og dens personligheder og på den anden side til det brede massepublikum, bliver i høj grad anfægtet af de nye medier. Omvendt må man sige, at journalister på sportsredaktioner – og især dem på tv – måske har bedre forudsætninger for at lykkes med at komme i dialog med publikum end journalister fra de mere politiske stofområder (Frandsen 2012).

Samtidig betyder den generelt intensiverede mediekonkurrence, at det mere end nogensinde gælder om at være til stede, hvor det potentielle publikum er. Det betyder f.eks., at vi gennem de sidste 10-12 år har set danske tv-kanaler 'opruste' på diverse digitale og mobile platforme, hvor de forsøger at udnytte især dækning af store sportsbegivenheder til at trække seere over på egne hjemmesider og tilbyde nyhedsservices, ekstramateriale, managerspil og dialog med journalister, eksperter og sportsfolk. Dette er sket gennem tiltagende 'cross-promotion' mellem stationens forskellige platforme og ved at inddrage andre medieaktører, hyppigst Facebook og Twitter som platforme for annoncering af centrale aktiviteter på egen hjemmeside. Man har været tilbøjelig til at bruge de sociale medier til envejskommunikation – netop for at trække publikum til og forøge besøgstal på tv-stationens egen hjemmeside. Men der har også været forsøg på at etablere dialog med publikum, som da TV 2 i perioden 2006-2010 systematisk arbejdede med blogs, hvor medarbejdere især i forbindelse med dækning af store sportsbegivenheder bloggede med publikum. Den primære målsætning med denne aktivitet var at skaffe trafik på stationens hjemmeside og dermed styrke de kommercielle indtægter. Under dækningen af Tour de France 2011 ændrede man dog strategi i erkendelse af, at Facebook havde overtaget meget af den sociale kommunikationsaktivitet, som få år tidligere lå på TV 2's egne blog-universer. Man forsøgte derfor i 2011 at etablere en anderledes kommunikation mellem det traditionelle massemedies begivenhedsformidling og de sociale medier, f.eks. ved via undertekster at stille spørgsmål til seerne under transmissionerne, hvor seerne skulle kommentere og besvare på Facebook. Til forskel fra stationens tidligere interaktion med publikum via blogs, betød brugen af Facebook, at man medvirkede til at skaffe eksponering til en konkurrerende medieaktørs annoncører, nemlig Facebooks. Eksemplet viser, hvorledes det ikke altid er let at få kommunikative og kommercielle intentioner til at følges ad, og at selv meget veletablerede tv-stationer i den nye situation i nogle tilfælde er villige til at prøve at gå helt nye veje og indlede nye samarbejder med forskellige medieaktører. Både tv- og sportsorganisationer er reelt presset ud i nye kommunikative adfærdsformer og har fået nye konkurrenter i forhold til både publikum og annoncører. F.eks. indledte fodboldklubben Chelsea for nogle år siden et samarbejde med YouTube om etablering af en særlig Chelsea-kanal, hvor amatørmateriale kunne vises sammen med nyheder fra klubben (Hutchins & Rowe 2009: 360).

For en station som DR, der ikke har kommercielle interesser at pleje, har situationen til dels set noget anderledes ud – bl.a.

fordi man kulturpolitisk er blevet underlagt en mere og mere detaljeret regulering. DR er i de seneste fireårige mediepolitiske aftaler med kulturministeren (public service-kontrakter) blevet pålagt en særlig forpligtelse til at udvikle de digitale medier, og samtidig er man, efter kritik fra DIF siden starten af 1990'erne ang. den smallere og smallere dækning af sport på landsdækkende public service-tv, siden 2007 blevet forpligtet til at dække dansk sport mere alsidigt. Allerede i 1998 begyndte man således at tilbyde nyhedsservice på timebasis på dr.dk i forbindelse med VM i fodbold, men ud fra en kulturpolitisk betragtning er det især etableringen af *Min Sport* på DR's hjemmeside, der er interessant. Her kan atleter, klubber og forbund selv lægge nyheder, kommentarer og videoer ind, og tiltaget kan altså ses som en imødekommelse af kulturpolitiske krav. Med til historien hører nemlig også, at stationen i 2007 blev underlagt en meget omfattende sparerunde pga. budgetoverskridelser i forbindelse med bygningen af DR Byen i Ørestaden. Og den runde gik ganske hårdt ud over stationens sportsredaktion, der bl.a. blev nedlagt som selvstændig redaktionel enhed.

Sportsorganisationer under pres og forandring

Også for sportsorganisationerne har de digitale medier stor betydning og har betydet ændringer i såvel klubbers som forbunds kommunikationsindsatser og forretningsmodeller. For det første har organisationerne nu selv fået muligheden for at kommunikere direkte til og med både publikum, massemedier, medlemmer, fans og samarbejdspartnere af myndighedsmæssig, politisk og kommerciel karakter. Det kan ske i et medie, der kan opdateres konstant, kan kombinere skrift og audiovisuelle formidlingsformer, både kan kommunikere envejs og tovejs, har oceaner af plads til arkivering af materiale og distribueres globalt. Det giver muligheder for at skaffe kommercielle indtægter fra annoncører og sponsorer. F.eks. lancerede Dansk Badmintonforbund i efteråret 2011 en engelsksproget hjemmeside, ligesom man er meget aktive på de sociale medier. Dette hænger sammen med, at forbundet har en række topspillere, der har et stort publikum i Asien.

Forbundets digitale og internationale kommunikationsstrategi må således også ses som udtryk for, at man gerne vil forsøge at påvirke fremstillingen af sig selv i offentligheden og skaffe sig sponsorer med satsninger på det asiatiske marked. Digitale medier udgør derfor både et potentiale for nogle sportsorganisationer for at genvinde lidt økonomisk fodfæste og nytænke sine forretningsmodeller – enten ved at skaffe sig nogle nye sponsorer og annoncører eller ved at sælge merchandise, der i det hele taget udgør en voksende og betragtelig indtægtskilde i store professionelle klubber. For mange klubber og sportsforbund er det også en mulighed for overhovedet at få en stemme i et medielandskab, hvor der gradvist er blevet plads til færre og færre sportsgrene og begivenheder. Både klubbers og specialforbunds hjemmesider bliver derfor også helt centrale kilder for de traditionelle, nationale mediers journalister.

Der er dog også en række problemer knyttet til den nye tilgængelighed, da det samtidig bliver tiltagende vanskeligt for organisationerne at kontrollere informationsstrømmen. Sanderson (2011) giver en lang række eksempler på, hvordan professionelle amerikanske sportsklubber har haft problemer med de ansatte spilleres individuelle brug af sociale medier – både under og imellem kampene. Når disse fodboldspillere har kommunikeret direkte med deres fans via f.eks. Twitter under kampene, kommer klubben let på konfliktkurs med sin samarbejdspartner fra broadcast-tv, som ellers har de eksklusive rettigheder til at formidle spillernes oplevelse under kampene. Spilleres følelsesladede indlæg og 'læk' af nyheder om udskiftninger i spillerstaben på de sociale medier (Sanderson 2011) og fans' distribution af egne videooptagelser af kontroverser mellem spillere under offentlige træninger er andre eksempler på problemer som følge af de digitale mediers allestedsnærværelse. Netop fordi de digitale medier og udviklingen af bredbåndsteknologien muliggør distribution af levende billeder, repræsenterer de et problem for de tv-baserede forretningsmodeller. Modellerne er baseret på audiovisuel eksponering i en stærkt kontrolleret ramme, hvor man både har muligheder for at styre de kommercielle budskaber og den audiovisuelle fremstilling af begivenhederne. Dertil kommer, at indtægterne har nået et særligt højt niveau, fordi de er baseret på, at både sponsorer og tv-rettighedshavere har eksklusive rettigheder – dvs. eneret til at formidle audiovisuelt eller eneret til at eksponere f.eks. et læskedrikprodukt. For sportsorganisationer med store og omfattende forretningsmodeller af denne karakter, som f.eks. Den Internationale Olympiske Komité, har det indtil videre været altafgørende at forsøge at beskytte egne rettigheder og forretningsmodel. Forsøget er ikke let, og opgaven rummer en række uklare grænser og meget principielle spørgsmål vedrørende organisationers/arbejdsgiveres ret til at bestemme over tilknyttede individers ytringsfrihed. Alle med en smartphone i lommen har principielt mulighed for at lægge videoer osv. ud på de sociale medier. Den Internationale Olympiske Komité lavede derfor en række restriktive og omdiskuterede retningslinjer for de deltagende atleter ved OL i London 2012 angående brugen af sociale medier. Retningslinjerne skulle bl.a. hindre deltagerne i f.eks. at distribuere materiale under legene og i at distribuere billeder, der eksponeringsmæssigt kunne tilgodese interesser hos atleternes individuelle sponsorer på bekostning af legenes officielle sponsorer.

Beskyttelsen af de etablerede forretningsmodeller vanskeliggøres yderligere af, at internettet distribuerer globalt, hvorimod lovgivningen på området ofte er af national karakter. F.eks. kunne den australske betalings-tv-kanal, Fox Sports, og det australske fodboldforbund ikke stoppe eller retsforfølge en amerikansk webaktør, der i 2007 lavede en pirat-streaming af en finalekamp fra en nyetableret australsk fodboldturnering, som tv-kanalen havde investeret store beløb i eksklusive rettigheder til (Hutchins & Rowe 2009).

Mulighedernes tid?

Sportsorganisationerne opfatter stadig direkte audiovisuel eksponering som den optimale form for sportskommunikation. Streaming er derfor, og pga. bredsbåndsteknologiens udvikling og faldende priser på produktion af audiovisuelt optageudstyr, et af de områder, som danske sportsorganisationer i voksende omfang er begyndt at benytte sig af. Efter i mange år at have kæmpet forgæves om broadcast-tv's opmærksomhed – og f.eks. have været henvist til selv at producere og levere materiale til eksponering på DR's hjemmeside – har man nu fået modet til selv at bruge internettets muligheder og er begyndt at tænke i 'narrow-casting' via klubbens eller forbundets egen hjemmeside. Motiverne er ikke helt entydige, og mulighederne udlægges forskelligt. For mange er der primært tale om en kommunikationsservice til en veldefineret og smal gruppe af medlemmer og andre interessenter, for andre udgør streaming også en mulighed for at skaffe et lidt bredere publikum og få nogle ekstra reklamekroner. Endelig ser flere livestreaming som en 'kravlegård', hvor sporten kan udvikle sine tv-mæssige kompetencer og måske udnytte det som afsæt for eksponering i 'rigtigt tv' (Hansen 2011).

Det er heller ikke kun i idrætsorganisationerne, at man kan være tilbøjelig til at tænke internettet som en kravlegård. I den nuværende tv-konkurrence kræver det nye løsninger at koble effektivt mellem platforme, ligesom det kræver økonomiske ressourcer at være aktør på flere platforme.

Et eksempel på et sådant forsøg er Kanal Sport, der en ny dansk tv-sportskanal fra marts 2012. Dens ambition er at udvikle et forretningsområde på basis af brugernes mediemæssige multitasking. Aktørerne bag Kanal Sport er internetnyhedskanalen Kanal Sport, Danske Spil og YouSee. Kanalens forretningsmodel er klart forskellig fra, hvad vi tidligere har set, fordi man satser på at dække den del af dansk sport, som ikke har de eksisterende broadcastkanalers bevågenhed og dermed ikke koster stationen noget særligt i rettigheder. Samtidig ønsker Danske Spil at udnytte kanalen til at levere spilinformation, og YouSee får kanalen gratis og har forpligtet sig på at lade den indgå i sin store tv-pakke. Konstruktionen ville indtil for nylig have været utænkelig, men i øjeblikket udgør både længslen efter eksponering i de tv-mæssigt laveksponerede danske sportsgrene, ændringerne i tv-seernes adfærd og liberaliseringen af det danske spillemarked et opportunt bagtæppe for et sådant eksperiment.

Den digitale udvikling åbner en række nye muligheder. Feltet er bredt og spænder over både hjemmesider, som tilbyder individer at organisere deres idrætsaktivitet uden om de etablerede organisationer, som f.eks. Holdsport.dk, og lokationsbaserede mobile medier, hvor GPS-teknologi og sociale medier smelter sammen som f.eks. i Endomondo. Dette mangfoldige innovative felt, som indtil videre er blevet betegnet *virtuelle arenaer* (Hedal 2011), udgør ikke i første omgang en betydende faktor i forhold til tv. Feltet udfordrer umiddelbart den organiserede sport, fordi nye aktører pludselig tilbyder at rammesætte sportsoplevelser, og der udvikles nye oplevelsesformer og nye former for fællesskaber, hvor grænserne mellem medier og fysisk aktivitet og grænser for, hvem man kan dele sports- og idrætsoplevelser med, udviskes. Man må derfor også forvente, at nogle af de oplevelsesformer, der udvikles her, kommer til at danne udgangspunkt for produktudvikling i forhold til tv-formidling og herunder af den topsport, som broadcast-tv har medvirket til at udvikle og forandre.

REFERENCER

Andersen, J.S., Kristensen, M., Teglborg, A. & Willer, J. (1999). *Kampen om sporten. Upubliceret eksamensopgave i mediesystemanalyse.* Institut for Informations- og Medievidenskab, Aarhus Universitet.

Andersen, M. (1988). Vi er på banen. I: Andersen, M. (red.). *Splinter af dansk idræt.* Odense: Odense Universitetsforlag.

Andreasen, C. (1991). TV 2 offer for verdens største fup-nummer! I: *Tipsbladet* 11. januar 1991.

Andreff, W. & Staudohar, P.D. (2002). European and US sports business models. I: Barros, C., Ibrahímo, M. & Szymanski, S. (red.). *Transatlantic Sport. The Comparative Economics of North American and European Sports.* Northampton, Mass.: Edward Elgar.

Ankerdal, S. (1993). Oprøret fra den dyre langside. I: Ellegaard, L. (red.). *Den dyre langside. Bogen om dansk elitefodbold.* København: Divisionsforeningen og Forlaget Per Kofod.

Ankerdal, S. & Ellegaard, L. (1993). I fodboldens socialgruppe 1. En samtale med Hans Bjerg Petersen, formand for Divisionsforeningen. I: Ellegaard, L. (red.). *Den dyre langside. Bogen om dansk elitefodbold.* København: Divisionsforeningen og Forlaget Per Kofod.

Arnoldi, J. (2005). (Medieskabt) Ekspertise i Medierne. *Dansk Sociologi,* nr. 6, 16. årgang.

Barnett, S. (1990). *Games and Sets. The Changing Face of Sport on Television.* London: British Film Industry Publishing.

Birrell, S. (1980). Sport som ritual. *Centring,* årgang 1, nr. 3.

Bonde, H. (1991). *Mandighed og Sport.* Odense: Odense Universitetsforlag.

Boyle, R. & Haynes, R. (2004). *Football in the New Media Age.* London: Routledge.

Boyle, R. & Haynes, R. (2009). *Power Play. Sport, the Media and Popular Culture.* Chippenham & Eastbourne: Edinburgh University Press.

Bruun, H. (2006). Tv-underholdning. I: Hjarvard, S. (red.). *Dansk tv's historie.* København: Samfundslitteratur.

Bruun, H., Frandsen, K. & Søndergaard, H. (red.). (2000). *TV 2 på skærmen. Analyser af TV 2's programvirksomhed.* København: Samfundslitteratur.

Bruun, H. & Frandsen, K. (red.). (2010). *Underholdende tv.* Aarhus: Aarhus Universitetsforlag.

Brüchmann, P. (1991). Loven skal laves om. I: *EkstraBladet* 10. januar 1991.

Bøje, C. & Riiskjær, S. (1991). *Fritidens orden og uorden.* Slagelse: Forlaget Bavnebanke.

Bøje, C. & Eichberg, H. (1994). *Idrættens tredje vej: om idrætten i kulturpolitikken.* Aarhus: Klim.

Caldera, E.A. & Danielsson, M. (2006). Om aktiva herrar för aktiva herrar: Mediesporten och dess publik. Idrottsforum.org/artikler. Web 25. maj 2011 på: www.idrottsforum.org.

Callois, R. ([1958]2001). *Man, Play and Games.* Oversat af Mayer Barash. Urbane & Chicago: University of Illinois Press.

Crawford, G. (2004). *Consuming Sport. Fans, Sport and Culture.* London & New York: Routledge.

Dahl. H. (1997). *Hvis din nabo var en bil.* København: Akademisk Forlag.

Dansk Idræts-Forbunds Aarbog 1954. Per Ardua Ad Astra.

Dansk Idræts-Forbunds Aarbog 1957. Per Ardua Ad Astra.

Dansk Idræts-Forbunds Aarbog 1958. Per Ardua Ad Astra.

Dansk Idræts-Forbunds Aarbog 1959. Per Ardua Ad Astra.

Dayan, D. & Katz, E. (1992). *Media Events. The Live Broadcasting of History.* Cambridge, Mass.: Harvard University Press.

DR: *Årbøger 1947-1987.* København.

DR Medieforskning (2012). *Medieudviklingen 2011.* København: DR.

Finnemann, N.O. (2006). Public Space and the Coevolution of Digital and Digitized Media. *MedieKultur*, nr. 40.

Finnemann, N.O., Jauert, P., Jensen, J.L., Povlsen, K.K., Sørensen, A.S. (2012). *Report on a web-survey.* Aarhus: Center for Internet Research. Foreningen af Danske Interaktive Medier (2011). *Danskernes brug af Internet 2011.* København: Foreningen af Danske Interaktive Medier.

Fortunato, J. (2001). *The Ultimate Assist: the relationship and broadcast strategies of the NBA and television networks.* Cresskill, N.J.: Hampton Press.

Frandsen, K. (1996). *Dansk Sportsjournalistik. Fra sport til publikum.* DJH-rapport. Aarhus: Forlaget Ajour.

Frandsen, K. (2000). Fra mangfoldighed til eksklusivitet. TV 2 Sportens gennemslag og forandring. I: Bruun, H., Frandsen, K. & Søndergaard, H. (red.). (2000). *Tv 2 på skærmen. Analyser af TV 2's programvirksomhed.* København: Samfundslitteratur.

Frandsen, K. (2006). Sport. I: Hjarvard, S. (red.). *Dansk tv's historie.* København: Samfundslitteratur.

Frandsen, K. (2008). Sports viewing. A theoretical approach. *International Journal of Sports Communication*, vol. 1, nr. 1.

Frandsen, K. (2009). Co-produktion af sportsoplevelser. I: Langer, R., Kjær, P. & Horst, M. (red.). *Produktiv Journalistik.* København: Handelshøjskolens Forlag.

Frandsen, K. (2010 a). Watching handball transmissions. Experiences of autonomy, competency and relatedness. *Nordicom Review*, vol. 31, nr. 1.

Frandsen, K. (2010 b). Sport. Spil og Socialitet. I: Bruun, H. & Frandsen, K. (red.). (2010). *Underholdende tv.* Aarhus: Aarhus Universitetsforlag.

Frandsen. K. (2012). Sports Broadcasting: Journalism and the Challenge of New Media. *MedieKultur*, nr. 53.

Gantz. W. (2011). Keeping Score. Reflections and Suggestions for Scholarship in Sports and Media. I: Billings, A.C. (red.). *Sports Media. Tranformation. Integration, Consumption.* New York og Abingdon: Routledge.

Gaustad, T. (1999). Økonomiske egenskaper ved sport som programvare. Paper, nr. 14. Nordiska konferencen för medie- och kommunikationsforskning, Kungälv, 14.-17. august 1999.

Gretlund, T., Kromann-Larsen, M. & Puggaard, B. (2011). *Mobile Devices.* En undersøgelse for Index Selskabets Udviklingsfond. København: TNS Gallup.

Hansen, N.G. & Stjernfelt, F. (1988). Fodbold. Spil, struktur og udvikling. *Litteratur & Samfund*, nr. 44.

Hansen, T. (2011). Mere sport strømmer til computerskærmene. *Idrætsliv* nr. 4.

Hedal, M. (2006). *Sport på dansk tv.* København: Idrættens Analyseinstitut.

Hedal, M. (2011). *Idrættens virtuelle arenaer. Internettet forandrer Idrætten – analyser og perspektiver.* København: Idrættens Analyseinstitut.

Helland, K. (2003). *Sport, medier og journalistikk. Med fotballandslaget til EM.* Bergen: Fakbokforlaget.

Helland, K. (2007). Changing Sports, Changing Media. Mass Appeal, the Sport/Media Complex and TV Sports Rights. *Nordicom Review*, Jubilee Issue.

Hepp, A., Hjarvard, S. & Lundby, K. (2010). Mediatization. Empirical Perspectives. An Introduction to a Special Issue. *Communications* no. 35.

Hermansen, T., Høy, S., Liniger, H. & Madsen, M.K. (1997). *"... en fuldstændig vanvittig vinkel at skyde fra".* En mediesystemanalyse af TVS. Den danske sportskanal. Upubliceret studenteropgave. Institut for Informations- og Medievidenskab, Aarhus Universitet.

Hjarvard, S. (1995). *Internationale TV-nyheder.* København: Akademisk Forlag.

Hjarvard, S. (2008). *En verden af medier. Medialiseringen af politik, sprog, religion og leg.* Frederiksberg: Samfundslitteratur.

Hjelseth, A. (2006). *Mellom børs, katedral og karneval.* Avhandling for dr.politgraden, Sosiologisk institut, Universitetet i Bergen. Web 2. oktober 2009 på: https://bora.uio.no.

Hodne, M. (2001). *Baklengs inn i framtiden. Sportens rolle i NRK-fjernsynet 1960-2000.* Upubliceret hovedopgave i medievitenskap for cand.philol.-graden, Universitetet i Oslo.

Hutchins, B. & Rowe, D. (2009). From Broadcast Scarcity to Digital Plenitude. The Changing Dynamics of the Media Sport Content Economy. *Television and New Media*, vol. 10, nr. 4.

Idorn, J. (red.). (1972). *Dansk Idræts-Forbunds Jubilæumsskrift 1896-1971. En kavalkade.* København: D.I.F.

REFERENCER

Idorn, J. (1993). Fra Dybbøl til Divisionsforeningen. I: Ellegaard, L. (red.). *Den dyre langside. Bogen om dansk elitefodbold.* København: Divisionsforeningen og Forlaget Per Kofod.

Jakobsen, S.S. (2009). TV Rights and Sports in Denmark. I: Blackshaw, I., Cornelius, S. & Siekmann, R. (red.). *TV Rights and Sport. Legal Aspects.* Hague: T.M.C. Asser Press.

Jantzen, C. & Vetner, M. (2007). Oplevelsen som identitetsmæssig konstituent. I: Jantzen, C. & Rasmussen, T.A. (red.). *Forbrugssituationer. Perspektiver på oplevelsesøkonomi.* Aalborg: Aalborg Universitetsforlag.

Jensen. K.B. (red.). (1997). *Dansk Mediehistorie. 1880-1960.* Bd. 2. Aalborg: Samlerens forlag.

Jhally, S. (1989). Cultural Studies and the Sports/Media Complex. I: Wenner, L.A. (red.). *Media, Sports & Society.* London & New Delhi: Sage Publications.

Kaun, A. (2011). *Mediatisation versus Mediation. Contemporary Concepts under Scrutiny.* Research Overview for Riksbankens Jubileumsfond. Stockholm: Södertörns Högskola.

Klatell, D.A. & Marcus, N. (1988). *Sports For Sale.* New York & Oxford: Oxford University Press.

Klausen, K.K. (1990). Enhedstesen er død - længe leve enhedstesen! *PULS,* nr. 2. København: Team Danmark.

Knudsen, E.M. (1998). *Programkvalitet. Sport, Kultur, Underholdning.* København: DR.

Konkurrencestyrelsen (1997a). *TV3's klage over Ramme-, Samarbejds- og Team Danmark-aftalen.* Web 8. december 2009 på: www.konkurrencestyrelsen.dk.

Konkurrencestyrelsen. (1997b). *Forhandling med DBU om friere erhvervsmuligheder for klubberne.* Web 22. juni 2005 på: www.kfst.dk.

Konkurrencestyrelsen. (1999). *Sport i tv.* Web 6. marts 2012 på: www.kfst.dk.

Konkurrencestyrelsen. (2001). *Aftale mellem DBU og TV 2 /DR om tv- og radioret-tigheder til dansk landsholdsfodbold 1.* Web 8. december 2009 på: www.konkurrencestyrelsen.dk.

Konkurrencestyrelsen. (2006). *Konkurrenceredegørelse 2006.* Web 8. december 2009 på: www.konkurrencestyrelsen.dk.

Konkurrencestyrelsen. (2007). *Etableringen af TV 2 Sport.* Web 8. december 2009 på: www.konkurrencestyrelsen.dk.

Konkurrencestyrelsen. (2008). *Medierettigheder til dansk ligafodbold.* Web 8. december 2009 på: www.konkurrencestyrelsen.dk.

Korsgaard, O. (1982). *Kampen om kroppen.* København: Gyldendal.

Kulturministeriet. (1983). *Betænkning nr. 992. Betænkning om eliteidrætten i Danmark.* København: Ministeriet for kulturelle anliggender.

Kulturministeriet. (2001). *Eliteidræt i Danmark. Rapport afgivet af den af kulturministeren nedsatte arbejdsgruppe.* København: Kulturministeriet.

Kulturministeriet. (2006). *Mediepolitisk aftale for 2007-2010.* Web 6. januar 2010 på: www.kum.dk.

Kulturministeriet. (2010). *DR's public service-kontrakt for 2011-2014*. Web 21. juni 2012 på: www.kum.dk.

Landsretten. (2004). *SMS- og internetservice under fodboldkampe*. Web 8. december 2009 på: www.update.dk.

Larsen-Ledet, J.P. (2001). *På linje med seerne. En indholds- og receptionsanalyse af TV3's fodboldmagasin ONSIDE*. Upubliceret kandidatspeciale. Kommunikation, Roskilde Universitetscenter.

Linné, O. et al. (1983). *Medieforskning i Danmarks Radio 1982/1983*. Forskningsrapport nr. 3B. København: Danmarks Radio.

Linné, O. et al. (1984). *Medieforskning i Danmarks Radio 1984*. Forskningsrapport nr. 6b. København: Danmarks Radio.

Magnussen, J. (2005). Fodbold på tv – en bragende succes – for altid? I: Magnussen, J. & Storm, R.K. (red.). *Professionel fodbold*. Aarhus: Klim.

Magnussen, J. & Storm, R.K. (red.). (2005). *Professionel fodbold*. Aarhus: Klim.

Maguire, J. (1999). *Global Sport. Identities, Societies, Civilizations*. Oxford: Polity Press & Blackwell Publishers Ltd.

Marosi, K. (1983). *VM-fodbold i TV*. Forskningsrapport nr. 5b. København: Danmarks Radio.

Marsh, J.M. *How the NFL Blackout Rule was Spawned by the Courts and the Congress*. Web 30. august 2005 på: www.philabar.org.

Marshall, P.D., Walker, B. & Russo, N. (2010). Mediating the Olympics. *Convergence: The International Journal of Research into New Media Technologies*, vol. 16, nr. 3.

McChesney, R.W. (1989). Media Made Sport: A History of Sports Coverage in the United States. I: Wenner, L.A. (red.). (1989). *Media, Sports & Society*. London & New Delhi: Sage Publications.

Meyrowitz, J. (1985). *No Sense of Place. The impact of Electronic Media on Social Behavior*. New York & Oxford: Oxford University Press.

Møller, J. (1986). *TV-Sport. Fjernsynet som formidler mellem idræt og publikum – eksemplet Sportslørdag*. Forskningsrapport nr. 3b. København: Danmarks Radio.

Nielsen, A.P. & Halling, J. (2006). Seeradfærd og seerpræferencer. I: Hjarvard, S. (red.). *Dansk tv's historie*. København: Samfundslitteratur.

Nørgaard, P. (1955). At lytte – og at se ... I: *Danmarks Radio 1954-1955*, København: Danmarks Radio.

Olsen, D.A. & Grønkjær, A.B. (2009a). Dansk fodboldhistorie 1: Var der fodbold før 1980? Idrottsforum.org. Web 13. juni 2012 på: www.idrottsforum.org.

Olsen, D.A. & Grønkjær, A.B. (2009b). Dansk fodboldhistorie 3: Acceptér, at du kan tabe en fodboldkamp. Og gør det med værdighed! Web 13. juni 2012 på: www.idrottsforum.org.

Raney, A.A. (2004). Motives for Using Sport in the Media. Motivational Aspects of Sport Receptions Processes. I: Schramm, H. (red.). *Die Rezeption des Sports in den Medien*. Köln: Herbert von Halem Verlag.

Raney, A.A. (2011). Fair Ball? Exploring the Relationship between Media Sports and Viewer Morality. I: Billings, A.C. (red.). *Sports Media. Tranformation. Integration, Consumption*. New York og Abingdon: Routledge.

Rasmussen, B. (1965). Almindeligt menneske med bankende hjerte. I: *Aktuelt* 17. oktober 1965.

Real, M. (2011). Theorizing the Sports-Television Dream Marriage. Why sports fit television so well. I: Billings, A.C. (red.). *Sports Media. Tranformation. Integration, Consumption*. New York og Abingdon: Routledge.

Reimer, B. (2002). *Uppspel. Den svenska TV-sportens historia*. Värnamo: Stiftelsen Etermedierne i Sverige.

Rowe, D. (1999). *Sport, Culture and the Media*. Buckingham & Philadelphia: Open University Press.

Rowe, D. (2011). Sports Media. Beyond Broadcasting, beyond Sports, beyond Societies? I: Billings, A.C. (red.). *Sports Media. Tranformation. Integration, Consumption*. New York og Abingdon: Routledge.

Rühle, A. (2003). Sportprofile deutcher Fernsehsender 2002. *Media Perspektiven* 5.

Sanderson, J. (2011). *It's a Whole New Ballgame. How social media is changing sports*. New York: Hampton Press.

Sandvad, J. (1965). Jeg er jo eksponent for den store masse. I: *Politiken* 17. oktober 1965.

Sandvoss, C. (2003). *Football, Television and Globalization*. London & New York: Routledge.

Schade, V. (1975). Hemmeligheden bag hans legendariske arbejdskraft. I: *Weekendavisen, Berlingske Aften* 4. juli 1975.

Schramm, H. (red.). (2004). *Die Rezeption des Sports in den Medien*. Köln: Herbert von Halem Verlag.

Scheuer, A. & Strothmann, P. (2004). Sport as Reflected in European Media Law. *Media, Law and Policy* 14.

Sepstrup, P. (1994). *Tv i Kulturhistorisk Perspektiv. 1054-1994*. Aarhus: Klim.

Skovmand, R. (red.). (1975). *DR 50*. København: Danmarks Radio.

Solberg, H.A. & Gratton, C. (2007). *The Economics of Sports Broadcasting*. London: Routledge.

Stiehler, H. (2003). Riskante Spiele: Unterhaltung und Unterhaltungserleben im Mediensport. I: Früh, W. & Stiehler, H. (red.). *Theorie der Unterhaltung. Ein interdisziplinärer Diskurs*. Köln: Herbert von Halem Verlag.

Storm, R.K. & Almlund, U. (2006). *Håndboldøkonomi.dk – fra forsamlingshus til forretning*. København: Idrættens Analyseinstitut.

Storm, R. & Brandt, H. (2008). *Idræt og sport i den danske oplevelsesøkonomi: mellem forening og forretning*. Frederiksberg: Imagine.

Syvertsen, T. (1997). *Den store TV-Krigen*. Oslo: Fakbokforlaget.

Søndergaard, H. (1994). *DR i tv-konkurrencens tidsalder*. Frederiksberg: Samfundslitteratur.

Søndergaard, H. (2000). TV 2 som hybridkanal. I: Bruun, H., Frandsen, K. & Søndergaard, H. (red.). (2000). *Tv 2 på skærmen. Analyser af TV 2's programvirksomhed*. København: Samfundslitteratur.

Søndergaard, H. (2003). Programfladestyring og organisationsforandringer i nordisk public service-fjernsyn. *MedieKultur* nr. 35.

Søndergaard, H. (2006). Tv som institution. I: Hjarvard, S. (red.). *Dansk tv's historie*. København: Samfundslitteratur.

Sørensen, K. (1966). Sport er det bedste, der kan vises i TV. I: *Aktuelt* d. 2. april 1966.

Taalesen, B. (2006). *Milliardspillet. Kampen mellom TV2 og NRK om TV-fotballen – sett fra innsiden*. Oslo: Damm.

Ugeskrift for Retsvæsen 1982. 179/2 H. Ugeskrift for Retsvæsen online. Thomson Reuters.

Ugeskrift for Retsvæsen 2004. 2945 H. Ugeskrift for Retsvæsen online. Thomson Reuters.

Vorderer, P., Steen, F.F. & Chan, E. (2006). Motivation. I: Bryant, J. & Vorderer, P. (red.). *Psychology of Entertainment*. Mahwah, N.J.: Lawrence Erlbaum Associates.

Wallin, U. (1998). *Sporten i spalterne. Sportjournalistikens utveckling i svensk dagspress under 100 år*. Göteborg: Institutionen för journalistik och masskommunikation.

Weatherill, S. (2004). Sport as Culture in EC Law. I: Craufurd Smith, R. (red.): *Culture in European Union Law*. Oxford: Oxford University Press.

Wenner, L.A. (red.). (1989). *Media, Sports & Society*. London & New Delhi: Sage Publications.

Wenner, L.A. (red.). (1998). *MediaSports*. London & New York: Routledge.

Wenner, L.A. & Gantz, W. (1989). The Audience Experience with Sports on Television. I: Wenner, L.A. (red.). *Media, Sports & Society*. London & New Delhi: Sage Publications.

Wenner, L.A. & Gantz, W. (1998). Watching Sports on Television: Audience Experience, Gender, Fanship, and Marriage. I: Wenner, L.A. (red.). *MediaSports*. London & New York: Routledge.

Whannel, G. (1992). *Fields in Vision. Television Sport and Cultural Transformation*. London & New York: Routledge.

Whannel, G. (1998). Reading the Sports Media Audience. I: Wenner, L.A. (red.). *MediaSport*. London, New York: Routledge.

Zubayr, C. & Gerhard, H. (2004). Zur Nachfrage nach Sportangeboten in den Medien. I: Schramm, H. (red.). *Die Rezeption des Sports in den Medien*. Köln: Herbert von Halem Verlag.

Øvrige dokumenter og kildemateriale

Gunnar 'Nu' Hansen. Mindeudsendelse om Gunnar Hansen, tv-udsendelse sendt på DR d. 5. januar 1993.

Hjarvard, S. & Jespersen, A. (2001). *Registrant over dansk TV 1951-1957.* CD produceret på Institut for Film- og Medievidenskab, Københavns Universitet.

Fortroligt materiale fra TV 2's bestyrelse 1991.

Overenskomst mellem 1. Danmarks Radio og Team Danmark 1. april 1991-31. marts 1996, 2. Tv 2 og Team Danmark 1. april 1991-31. marts 1996.

Overenskomst mellem TV 2/Danmark og Danmarks Radio og på Team Danmark, 05/09/96.

Overenskomst mellem TV 2/Danmark og Danmarks Radio og Team Danmark og Dansk Håndbold Forbund.

Samarbejdsaftale mellem TV 2 og Foreningen af Divisionsklubber i Danmark 11/12/90.

Vedr.: Kapitel om Tv-medier i Konkurrenceredegørelsen 2006. Høringssvar fra Divisionsforeningen til Konkurrencestyrelsen, 20. april 2006.

TNs Gallup – Index DK. Database.

TNs Gallup – TV-Meter. Database.

Interviews i kronologisk orden

Gunnar 'Nu' Hansen, forhenværende chef, Danmarks Radios sportsredaktion. Personligt interview 24. september 1991.

Erik Berth, chef, *Tv-Sporten,* Danmarks Radio. Personligt interview 25. september 1991.

Ulrik Wilbek, landstræner, damelandsholdet i håndbold. Personligt interview 11. februar 1993.

Ole Larsen, informationschef, DGI, tidligere journalist på DR og TV 2. Personligt interview 2. december 1994.

Morten Stig Christensen, chef, *TV 2 Sporten.* Personligt interview 8. december 1994.

Claus Borre, nyhedsredaktør, Danmarks Radio. Personligt interview 19. december 1994.

Torben Schou, redaktør, *Tv-Sporten,* Danmarks Radio. Personligt interview 19. december 1994.

Flemming Meier, produktionschef, TV 2 Sporten. Personligt interview 14. marts 2000.

Ole Henriksen, redaktionschef, *TV 2 Sporten.* Personligt interview 4. maj 2000.

Christina Buch, producer, *TV 2 Sporten.* Personligt interview 17. maj 2000.

Carsten Fischer, journalist på DR, tidligere journalist på Danmarks Radios sportsredaktion. Personligt interview 7. august 2002.

Hans Grønfeldt, pensionist, forhenværende journalist og producer på Danmarks Radios sportsredaktion. Telefoninterview 7. oktober 2002.

Morten Mølholm, kommunikationschef, DIF. Personligt interview 7. marts 2007.

Jim Stjerne Hansen, generalsekretær, DBU. Personligt interview 19. marts 2007.

Jørgen Madsen, administrerende direktør, MTG. Personligt interview 19. marts 2007.

Olav Skaaning Andersen, chef, DR-Sporten, Danmarks Radio. Personligt interview 20. marts 2007.

John Jäger, souschef, TV 2 Sporten. Telefoninterview 6. september 2010.

Jakob Draminsky, konsulent, DIF. Personligt interview 30. januar 2012.

Steen Dahl Pedersen, kommunikationschef. Personligt interview 30. januar 2012.